Olivers kleine
GLUTENFREIE GRILLWELT

REGIONALIA
apart

OLIVERS
GLUTENFREIE WELT

Wenn die Gäste kommen, der Grill angeworfen wird und alles wunderbar duftet, kann das gemeinsame Feiern beginnen.

Auch als Konditor- und Bäckermeister sowie Lebensmitteltechniker grille und koche ich leidenschaftlich gerne. Damit Ihr uneingeschränkt genießen könnt, habe ich Euch mit meinen glutenfreien Rezepten eine große Auswahl an Köstlichkeiten zusammengestellt.

Wie immer führe ich Euch Schritt für Schritt zu gelingsicheren Ergebnissen, damit Ihr einfach und entspannt loslegen könnt. Zum Einstieg gibt es eine kleine Warenkunde sowie viele Tipps und Tricks, damit auch wirklich alles funktioniert und ihr viel Freude habt.

Mir hat es unglaublich viel Spaß gemacht, Rezepte für alle Bereiche des Grillens zu kreieren, bis hin zu den Desserts und Getränken. Mit ihnen könnt Ihr Euer Grillfest nach euren Bedürfnissen ausrichten.

Alles, was gegrillt wird, könnt Ihr auch im Backofen machen, falls Ihr mal eine Party bei schlechtem Wetter (falls es für Euch Grillbegeisterte überhaupt schlechtes Wetter gibt) oder eine Geburtstagsfeier veranstaltet. Wie immer könnt Ihr die Rezepte nach Eurem Geschmack variieren.

Ich freue mich auf Bilder und Berichte von Euch, wie es schmeckt und was Ihr aus meinen Rezepten zaubert (über Instagram, Facebook, meine Facebook-gruppe oder gerne auch per Mail – schaut doch einfach mal auf meiner Homepage vorbei!)

Dann mal ran an den Grill!

Euer Oliver Welling

Grill an!

Marinaden 28

Gebackenes vom Grill 46

TIPP

Bei vielen Rezepten gibt es noch nützliche Hinweise, damit die Rezepte noch sicherer gelingen.

Eins

×

FAQ und Warenkunden

Warenkunden

RICHTIGES KNETEN DER TEIGE MIT UNTERSCHIEDLICHEN MASCHINEN

ACHTUNG: GILT NICHT *für Massen und Mürbeteig. Des Weiteren sollte man trotzdem sehr aufpassen, da es viele Varianten gibt, gerade bei der Bosch MUM.*

Kenwood

- Knethaken einsetzen
- Kneten wie im Rezept angegeben
- Mittlere Geschwindigkeit heißt:
- Einstellung auf Stellrad genau in der Mitte zwischen niedrigster und höchster Einstellung
- Dabei stehen bleiben und immer wieder den Rand runter kratzen. Es sollte nach ca. der Hälfte der Knetzeit nicht mehr notwendig sein.

Bosch MUM

- Knethaken einsetzen
- Kurz auf niedrigster Stufe mischen
- Dann maximal auf Stufe 2 so lange kneten, bis der Teig homogen ist und leicht klebt. Das dauert in etwa 2 bis 2,5 Minuten.

Kitchen Aid

- Knethaken einsetzen
- Kurz auf niedrigster Stufe mischen
- Dann maximal auf Stufe 2 so lange kneten, bis der Teig homogen ist und leicht klebt. Das dauert in etwa 2 bis 3 Minuten.

Handmixer

- Knethaken einsetzen
- Kurz auf Stufe 1 mischen
- Dann maximal auf Stufe 2 so lange kneten, bis der Teig homogen ist und leicht klebt.

Thermomix

- Hefe, Wasser (Milch), Salz (Zucker), Öl (Butter) in den Thermomix geben
- 2 Minuten (bei gefrorener Hefe bitte 3 Minuten einstellen) /37°/ Stufe 1 einstellen
- Mehl und ggf. Gewürze hinzufügen
- Bei 500 g Mehl im Rezept den Teig ca. 2,5 – 3 min/Teigknetstufe kneten lassen. Bei der Hälfte des Mehls entsprechend die Hälfte der Zeit kneten lassen. Dies ist völlig ausreichend, da der TM viel Kraft in den Teig bringt. Den TM hierbei im Blick behalten, er hüpft gerne ein wenig herum, wenn er schwere Teige bearbeitet
- Weitere Anleitungen mit Tipps und Tricks für den Thermomix gibt es auf meiner Homepage.

LANGE TEIGFÜHRUNG ÜBER DEN KÜHLSCHRANK

Eins
Kalte Flüssigkeit verwenden, dadurch wird die Hefe von Anfang an verlangsamt.

Zwei
Halbe Menge Hefe verwenden, sie vermehrt sich langsam weiter im Kühlschrank, deswegen wird weniger Hefe benötigt.

Drei
Nach dem Kneten direkt gut und luftdicht verpacken und kaltstellen, dadurch trocknet der Teig im Kühlschrank nicht aus.

Vier
Am nächsten Morgen aus dem Kühlschrank nehmen und 45 min in der Küche auf Raumtemperatur erwärmen.

Fünf
Den Teig zusammenkneten mit möglichst wenig Mehl. Anschließend die Gebäcke formen. Sollte der Teig eher brechen als sich formen lassen, dann ist er noch zu kalt.

Sechs
Die Gebäcke dann mind. 45 min garen (gehen) lassen.

Sieben
Backen wie im Rezept beschrieben.

ACHTUNG:
Gilt nur für Teige mit Hefe

TEMPERATUREN FÜR ALLE TEIGE MIT HEFE

Bei GF Teigen gelten nicht die gleichen Regeln wie bei GH Teigen, denn es handelt sich ja nicht um reines Mehl, dass verwendet wird, sondern um Mehlmischungen.

Diese Mischungen enthalten Bindemittel und Ballaststoffe zum Stabilisieren des Teiges und des Gebäckes. Diese reagieren sehr unterschiedlich auf höhere Temperaturen, z. B. geben sie Wasser wieder ab und es wird klebrig oder sie quellen nicht nach in der Teigruhe oder sie verlieren die Stabilität oder alles zusammen.

Deswegen sind die verwendeten Temperaturen für Gare, Teigruhe und Rohstoffe anders als bei GH Teigen.

10 **Meine 10 Empfehlungen im Generellen lauten:**

Eins
Ist es euch nicht zu kalt, dann dem Teig auch nicht.

Zwei
Kein Durchzug.

Drei
Alle NICHT flüssigen Rohstoffe, Öl und Butter sollten Raumtemperatur haben, auch wenn z. B. gekochte Kartoffeln benötigt werden. Es sei denn, im Rezept steht etwas anderes dabei.

Vier
Flüssige Rohstoffe wie Milch und Wasser sollten zwischen 30 und 32 Grad haben, denn sie kühlen etwas ab, wenn man sie in die Schüssel gibt.

Fünf
Immer bei Teigruhe und Gare abdecken. Genauer gesagt: wenn der Teig nicht mit Ei-Milch-Mischung abgestrichen worden ist.

Sechs

Niemals den Teig in einen leicht aufgeheizten Ofen stellen, zum einen kann man das nie so einstellen, dass es die richtige Temperatur hat, zum anderen können das die Öfen nie so genau. Denn wenn Ihr messt, habt Ihr die Raumtemperatur, aber niemals die Temperatur der Heizstäbe und die heizen dann nach, wenn der Teig drinsteht. Weiterhin gibt es zwar Öfen, die ein Programm hierfür haben, dieses ist aber für GH Teige gemacht und ist meist bei 35 bis 36 Grad, was für die Inhaltsstoffe der Mehle nicht gut ist und für Probleme sorgen kann.

Sieben

Nicht in die Sonne oder auf die Heizung stellen.

Acht

Teigruhe einfach in der Schüssel machen, wo der Teig drin geknetet wurde. Abdecken und einfach in der Küche stehen lassen.

Neun

Für die Gare einfach die geformten Gebäcke abgedeckt in der Küche stehen lassen.

Zehn

Hefe hat folgende Temperaturbereiche:

Lebenstemperatur:	ca. 0 – 25 °C
Vermehrung zwischen:	ca. 25 – 28 °C
Gärung zwischen:	ca. 30 – 35 °C

All diese Temperaturen sind ca.-Angaben und bedeuten nicht, dass dies auch vorher oder später stattfindet. Durch diese Vorgänge erwärmt sich auch der Teig bei Gare und Teigruhe leicht, sodass im Teig größtenteils andere Temperaturen herrschen wie im Raum.

Dadurch versteht Ihr, warum keine heißen Zutaten in den Teig dürfen.

TIPPS ZUM GEMÜSE GRILLEN

Hinweise und Grillzeiten für ausgewählte Gemüsesorten. Oft eignet sich auch ein Gemüsekorb aus Edelstahl zum Grillen, diese gibt es mit geschlossenem oder gelochtem Boden.

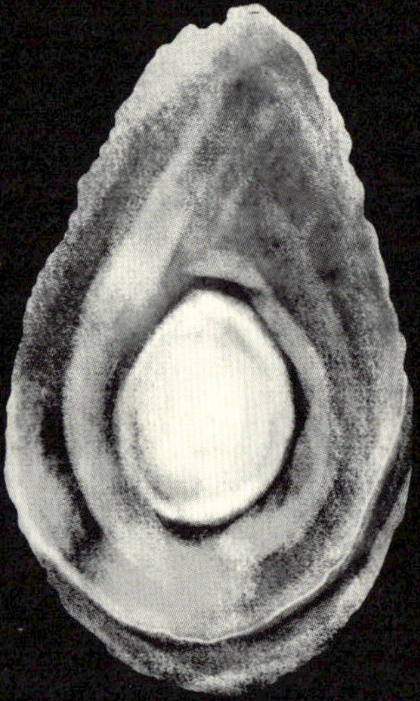

Avocado
halbiert, Kern entfernen,
3 – 5 min

Artischocke
Halbieren, 15 – 20 min

Aubergine
1 cm dicke Scheiben,
5 – 7 min

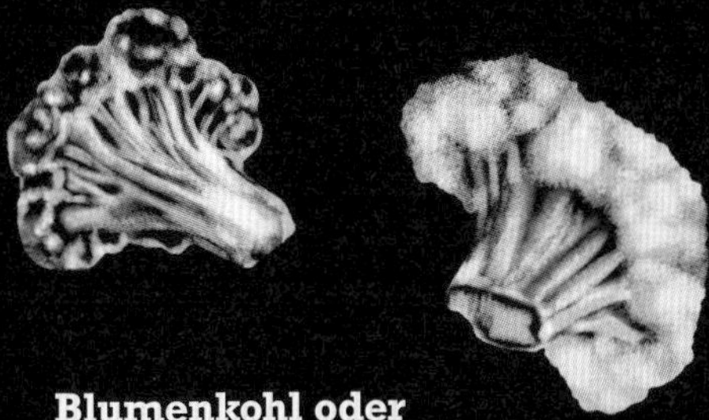

Blumenkohl oder Brokkoli
in Röschen schneiden und blanchieren, 5 – 8 min

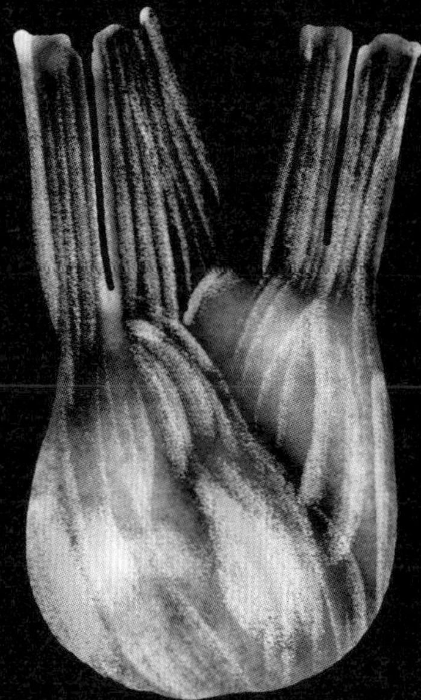

Fenchel
halbieren, 8 – 10 min

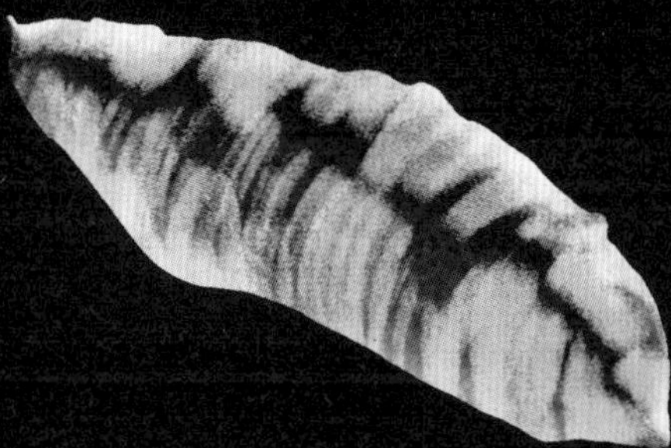

Kartoffel oder Süßkartoffel
1 cm dicke Scheiben, 5 – 10 min

Pilze
½ cm dicke Scheiben, 8 – 10 min je nach Größe

Mais
ganze Kolben, wenden nicht vergessen, 15 – 20 min

Paprika
½ cm dicke Scheiben schneiden oder in Rechtecke von 1 × 2 cm, 3 – 5 min

Möhren
halbieren, 5 – 8 min

Spargel
Stängel sollten 1 cm Durchmesser haben, 5 – 8 min

Ist der Spargel dicker, ist entsprechend die Grillzeit zu verlängern

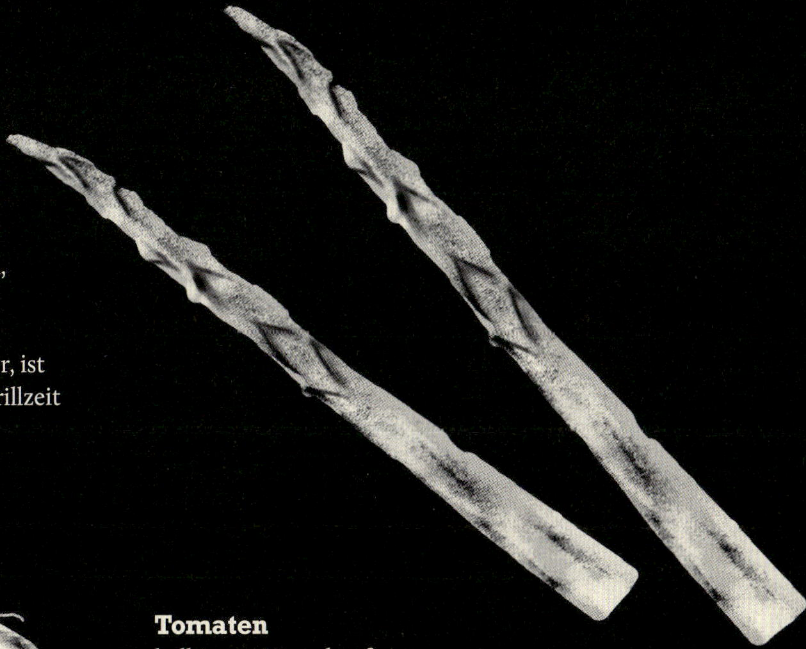

Tomaten
halbieren, Viertel auf ein Grillblech geben, 5 – 7 min, bei Cherry-Tomaten, 3 – 5 min

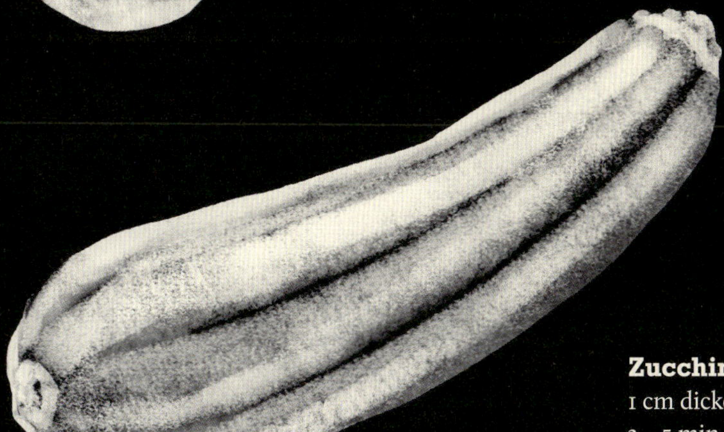

Zucchini
1 cm dicke Scheiben, 3 – 5 min

Tipp

Nicht zu viel *Marinade am Grillgut lassen. Da dieses abtropfen kann, können schädliche Dämpfe entstehen, wenn die Marinade ins Feuer tropft.*

Je länger *Marinaden einwirken können,* ***desto intensiver*** *ist das Aroma des Grillgutes.*

Als Grillstein eignet sich am besten ein ***beschichteter Pizzastein****. Denn dieser kann einfach mit einem leicht feuchten Tuch gereinigt werden. Teige können sich dann auch nicht festbacken.*

FAQ

HINWEISE ZU DEN COCKTAILS

Welche Sorten Eis benötige ich?
Am besten einen Vorrat an mittelgroßen Eiswürfeln und Crushed Ice haben.

Benötigte Gerätschaften zum Mixen der Cocktails

- Cocktail-Mixer
- Barsieb/Strainer
- Longdrink-Gläser oder Ähnliche in der Füllmenge
- Barstößel
- Verschiedene Sirupe, je nach Rezept

HINWEISE ZUM FLEISCH

Eins
Das Fleisch gut parieren.

Zwei
Das Fleisch abwaschen und vor dem Marinieren gut trocken tupfen.

Drei
Das Fleisch niemals mit einer Gabel einstechen. Dadurch kann der Fleischsaft beim Grillen auslaufen und es wird trocken.

Vier
Je länger es mariniert, desto intensiver wird das Aroma.

Fünf
Das Fleisch mind. 2 h vor dem Grillen aus dem Kühlschrank nehmen.

Sechs
Lieber das Fleisch etwas kürzer grillen und dann auf einer Seite des Grills mit wenig und nur indirekter Hitze das Fleisch nachziehen lassen.

HINWEISE ZUM FISCH

Eins
Fisch erst waschen und vor dem Marinieren trocken tupfen.

Zwei
Meeresfrüchte richtig säubern, abwaschen und vor dem Marinieren trocken tupfen.

Drei
Bei sauren Marinaden garen Fisch oder Meeresfrüchte vor und verändert etwas die Farbe beim Marinieren. Es ist aber ganz normal.

Vier
Fisch und vor allem Meeresfrüchte möglichst kurz grillen, sonst wird das „Fleisch“ zu fest und hart.

HINWEIS ZUM GRILLSTEIN/PIZZASTEIN

Die besten Grill- und Pizzasteine sind beschichtete. Die Vorteile liegen in ihrer sehr einfachen Reinigung und natürlich, dass an ihnen nichts kleben bleibt, weil keine natürliche Steinstruktur vorhanden ist.

Ich selbst benutze den beschichteten Pizzastein von einem großen Online-Händler, mit der Suche: beschichteter Pizzastein für den Backofen.

Auch ein Grillblech ist für manche Rezepte empfehlenswert oder alternativ Grillschalen.

HINWEISE ZU MARINADEN

Eins
Je länger die Marinade einziehen kann, desto intensiver wird das Aroma.

Zwei
Marinaden ziehen am besten über Nacht ein.

Drei
Allerdings nicht länger als 24 Stunden einziehen lassen (vor allem säurehaltige Marinaden).

Vier
Marinieren geht am einfachsten, mit sogenannten Zip-Beuteln.

Fünf
Keine (!) Aluminiumschalen bzw. Gusseisenwaren nutzen (chem. Reaktion, gerade bei säurehaltigen Marinaden).

Sechs
Säurehaltige Marinaden können die Farbe von Fleisch und Fisch/Meeresfrüchten verändern, das ist normal.

Sieben
Beim Marinieren mit Schüssel und Frischhaltefolie, auf deren guten luftdichten Sitz achten.

Acht
Bei flüssigen Marinaden, vor dem Grillen, kurz abtropfen lassen (evtl. entstehende schädliche Dämpfe).

TEMPERATURZONEN

Niedrige Grilltemperatur
weniger als 160 °C
(z.B. Pulled Pork)

Mittlere Grilltemperatur
160 – 220 °C
(z.B. Würstl, Geflügel, Gemüse, Fisch)

Hohe Grilltemperatur
220 – 300 °C
(z.B. Patties, Steaks)

Abbrennen/Reinigen
ab 300 °C

BEGRIFFLICHKEITEN (KLEINE AUSWAHL)

Direktes grillen

Holzkohle	Die Glut befindet sich direkt unter dem Grillgut.
Gasgrill	Der aktive Brenner befindet sich direkt unter dem Grillgut.

Indirektes grillen

Holzkohle	Das Grillgut befindet sich neben der Glut.
Gasgrill	Das Grillgut befindet sich in der Mitte, nur die äußerenBrenner sind eingeschaltet. Bei nur zwei Brennern, ist einer eingeschaltet.

Bei einem „einfachen" Elektrogrill gibt es in der Regel keine Möglichkeit, direkt bzw. indirekt zu grillen.

Parieren
Vom Fleisch dicke Fettschichten, Sehnen oder Hautreste entfernen

TIPPS ZUM GLUTENFREIEN GRILLEN

Eins
Die Teige können gut vorbereitet oder mit langer Teigführung über den Kühlschrank hergestellt werden.

Zwei
Der Grillrost muss sauber sein, damit keine Kreuzkontamination entstehen kann. Am besten vorher einwandfrei reinigen. Hierzu kann er einen halben Tag in sehr warmes Essig-Salz-Wasser einlegt werden. Dann in Spülwasser reinigen und mit klarem kaltem Wasser abspülen.

Drei
Der Pizzastein muss mindestens 30 min mit aufheizen, um optimal zu backen.

Vier
Erst dann anfangen zu Grillen, wenn die Glut (bei Holz und Kohle) mit einer leichten Ascheschicht überzogen ist.

Fünf
Fleisch, Gemüse oder Fisch sollten nicht zu dick mit Marinade bedeckt sein, da diese schnell verbrennt. Deswegen lieber einen Tag vorher Fleisch, Gemüse oder Fisch zum Marinieren einlegen. Am nächsten Tag dann vor dem Grillen die anheftende Marinade etwas mit Küchenkrepp abtupfen.

Sechs
Fleisch sollte zum Grillen Raumtemperatur haben. Also das Fleisch mind. 4 h vor dem Grillen aus dem Kühlschrank nehmen, egal ob mariniert oder nicht. Gleiches gilt für Fisch oder Gemüse.

Sieben
Das Grillwerkzeug, wie Zange usw., muss sauber sein. Also ohne Kontamination von glutenhaltigen Zutaten.

Acht
Grillschalen, für Gemüse, Fleisch oder Fisch, verhindern das Tropfen von Fett oder Säften auf die Grillkohle oder -holz. Somit wird verhindert, dass verbrannte Stoffe auf das Grillgut kommen.

Neun

Grillschalen sorgen bei gemischtem Grillen auch dafür, dass euer Grillgut nicht mit Gluten kontaminiert wird.

Zehn

Bei fertig mariniertem Fleisch genau die Inhaltsstoffe überprüfen. Es wird gerne reines Gluten oder glutenhaltige Rohstoffe zum Marinieren benutzt. Dadurch hält die Marinade besser am Fleisch, aber ist für Zöliakie und Co nicht geeignet. Gleiches gilt bei mariniertem Fisch.

Elf

Sollte gemischt gegrillt werden, sollten auch die Salate und Beilagen wie Brot glutenfrei und auch glutenhaltig gerichtet sein. Achtet darauf, dass es für alles Glutenfreie extra Salatbesteck, Besteck, Zangen und Schalen gibt. Dies verhindert eine Kreuzkontamination.

Zwölf

Auch darauf achten, dass der Pizzastein entweder nur für Euch genutzt wird oder es 2 getrennte Pizzasteine gibt.

Dreizehn

Wenn gleichzeitig glutenhaltig und glutenfrei auf den Grill gegeben wird, dann auf Grillschalen ausweichen, so verhindert man die Kreuzkontamination.

Vierzehn

Wenn der Gastgeber immer gerne Bier über das Grillgut gibt, dann weist ihn darauf hin, es bei Euch zu lassen oder bringt ihm eine Flasche glutenfreies Bier mit, wenn Ihr das mögt. Aber dann muss man auf die Aluschale verzichten.

Fünfzehn

Am besten kauft ihr Holz- oder Grillkohle, da diese keine Zusätze haben. Aber auch bei Holzkohle- oder Grillkohlebriketts, die auch ggf. weizenstärkehaltig sein können, hat das keinen Einfluss auf das Grillgut. Dies bedeutet, Gluten wird nicht durch den Rauch übertragen. Auch durch die umherfliegende Asche ist die Möglichkeit einer Kontamination sehr gering. Denn durch die Verbrennung der Briketts kommt es zu einer „Veraschung“. Dadurch ist kein Eiweiß mehr nachweisbar.

Zwei × Marinaden

Rotwein-Kräuter-Marinade

Arbeitszeit
20 min Zubereitung
mind. 4 h zum Durchziehen, besser über Nacht

Menge
reicht für ca. 500 g dunkles Fleisch

Zutaten
- 100 g Rotwein, trocken
- 60 g Olivenöl
- 20 g Senf, mittelscharf
- 2 ganze Knoblauchzehen
- 5 g Rosmarin, getrocknet, gehackt
- 5 g Thymian, getrocknet, gehackt
- 5 g Oregano, getrocknet, gehackt
- 10 g Petersilie, frisch, gehackt
- 2 g Pfeffer
- 2 g Salz
- 15 g Zitronensaft

Den Knoblauch pressen und mit dem Rotwein, Olivenöl und Senf gut in einer Schale vermischen. Anschließend alle Kräuter, Pfeffer, Salz und Zitronensaft zugeben und wieder gut vermischen.

Anschließend das Fleisch gleichmäßig damit bestreichen. In eine Schale legen und mit Frischhaltefolie gut verpacken. Dann für mind. 4 h in den Kühlschrank geben, damit es durchziehen kann. Besser ist eine Ruhezeit über Nacht.

Honig-Knoblauch-Marinade

Arbeitszeit
20 min Zubereitung
mind. 4 h zum Durchziehen
oder über Nacht

Menge
reicht für ca. 500 g
helles Fleisch

Zutaten
130 g Honig
20 g Essig
(Tafel- oder Apfelessig)
70 g Sojasoße, salzig
(glutenfrei)
2 ganze Knoblauchzehen

Schwarzer Pfeffer
(oder Cayennepfeffer)
Salz oder Knoblauchsalz
nach Wunsch

Den Knoblauch pressen und alle Zutaten homogen miteinander vermischen. Nun das Fleisch mit der Marinade einpinseln und mind. 4 h durchziehen lassen.

Je länger die Marinade einziehen kann, desto intensiver wird das Aroma. Mit der restlichen Marinade das Fleisch während des Grillens immer wieder mal einpinseln.

Gyros-Marinade

Arbeitszeit
20 min Zubereitung
über Nacht
durchziehen lassen

Menge
reicht für ca. 500 g
helles Fleisch

Zutaten
60 g Olivenöl
40 g Zitronensaft
2 mittlere Zwiebeln, fein gewürfelt
3 ganze Knoblauchzehen, gepresst
3 g Pfeffer, gemahlen
2 g Salz
20 g Paprikapulver, edelsüß
15 g Oregano, getrocknet
8 g Majoran, getrocknet
4 g Kreuzkümmel, gemahlen
40 g Petersilie, frisch, fein gehackt

Alle Zutaten miteinander vermischen. Anschließend das Fleisch gut mit der Marinade vermengen und anschließen in der Schüssel lassen. Mit Frischhaltefolie verpacken und über Nacht in den Kühlschrank stellen.

Ingwer-Frühlingszwiebel-Marinade für Geflügel

Arbeitszeit
20 min Zubereitung
mind. 4 h zum Durchziehen, besser über Nacht

Menge
reicht für ca. 500 g helles oder dunkles Fleisch

Zutaten
170 g Pflanzenöl, neutral
15 g Ingwer, frisch, gerieben
2 Stangen Frühlingszwiebeln
60 g Sojasoße (glutenfrei)
60 g Honig
20 g Essig (Tafelessig oder Weißweinessig)
2 g Salz
2 g Pfeffer
2 ganze Knoblauchzehen

Die Knoblauchzehen in eine Schüssel pressen. Den Ingwer schälen, reiben und in die Schüssel geben.

Die Frühlingszwiebeln putzen, Enden abschneiden. Die Stangen in feine Röllchen schneiden und in die Schüssel geben.

Nun alle anderen Zutaten in die Schüssel einwiegen und alles optimal vermischen.

Das Fleisch gut mit der Marinade vermischen und die Schüssel mit Frischhaltefolie verpacken. Jetzt die Mischung mind. 4 h im Kühlschrank stehen lassen, besser über Nacht.

Kräuter-Marinade

Arbeitszeit
20 min Zubereitung
mind. 4 h zum Durchziehen, besser über Nacht

Menge
reicht für ca. 500 g helles oder dunkles Fleisch

Zutaten
250 g Öl, neutrale Sorte
2 ganze Knoblauchzehen
2 Zweige Thymian, frisch
1 Zweig Rosmarin, frisch
1 Zweig Majoran
1 Zitrone, den Saft davon
3 g Salz

Die frischen Kräuter mit kaltem Wasser waschen und anschließend trocken tupfen. Dann die Kräuter mit den Stielen fein hacken.

Jetzt die Zitrone in eine Schüssel pressen und alle anderen Zutaten dazu geben. Gut verrühren und das Fleisch in die Schüssel geben und mit der Marinade vermengen.

Anschließend die Schüssel mit Frischhaltefolie verpacken und mind. 4 h im Kühlschrank durchziehen lassen, besser über Nacht.

BBQ-Marinade

Arbeitszeit
20 min Zubereitung
mind. 4 h zum Durchziehen, besser über Nacht

Menge
reicht für ca. 500 g helles oder dunkles Fleisch

Zutaten
- 100 g Tomatenketchup
- 50 g Essig
- 90 g Pflanzenöl, neutral
- 80 g Orangensaft
- 10 g Oregano, getrocknet
- 4 g Tabasco
- 10 g Worcestersoße (glutenfrei)
- 2 mittlere Zwiebeln
- 2 ganze Knoblauchzehen
- 3 g Pfeffer
- 3 g Rauchsalz

Knoblauch pressen und Zwiebeln in feine Würfel schneiden und beides in eine Schüssel geben. Alle anderen Zutaten in die Schüssel einwiegen und miteinander vermischen.

Das Fleisch entweder mit der Marinade bepinseln oder einfach komplett mit der Marinade vermischen.

Gut mit Frischhaltefolie verpackt mind. 4 h im Kühlschrank durchziehen lassen.

Vor dem Grillen die Marinade vom Fleisch abtupfen.

* nach Belieben abschmecken
4–6
je nach Wunsch
7 Stück

Zitronen-Knoblauch-Marinade für Fisch

Arbeitszeit
20 min Zubereitung
mind. 3 h zum Durchziehen, besser über Nacht

Menge
reicht für ca. 500 g Fisch oder Meersesfrüchte

Zutaten
7 Stk. Zitronen, den Saft davon
4 – 6 ganze Knoblauchzehen, je nach Wunsch
180 g Weißwein
140 g Olivenöl
60 g Petersilie, frisch, fein gehackt
Salz und Pfeffer zum Abschmecken nach Wunsch

Den Knoblauch in eine Schüssel pressen, alle Zitronen auspressen und den Saft zum Knoblauch geben.

Jetzt alle anderen Zutaten in die Schüssel wiegen und homogen vermischen.

Die Marinade jetzt über den Fisch oder die Meeresfrüchte schütten und mind. 3 h marinieren lassen. Je länger, desto besser zieht die Marinade durch.

Die Marinade eignet sich für alle Sorten Weißfisch, Lachs, Garnelen und sonstige Meeresfrüchte.

Kräuter-Marinade für Grillgemüse

Arbeitszeit
20 min Zubereitung
mind. 4 h zum Durchziehen, besser über Nacht

Menge
reicht für ca. 500 g Gemüse nach Wunsch

Zutaten
1 Stk. Zitrone, den Saft verwenden
220 g Olivenöl
1 – 3 ganze Knoblauchzehen, je nach Wunsch
1 Bund Basilikum
2 Zweige Rosmarin
4 Zweige Thymian
4 g Salz
3 g Pfeffer
5 g Chiliflocken, wenn gewünscht

Die Kräuter waschen, trocken tupfen und fein hacken. Den Knoblauch pressen und alles in eine Schüssel geben.

Jetzt die flüssigen Zutaten hinzufügen und vermischen. Anschließend die restlichen Zutaten zugeben und nochmals gut vermengen.

Jetzt das geputzte und geschnittene Grillgemüse dazu geben und gut vermischen.

Für mind. 4 h abgedeckt im Kühlschrank durchziehen lassen, besser über Nacht.

Je länger das Gemüse mit der Marinade durchziehen kann, desto mehr Aroma kann in das Gemüse ziehen.

Tipp

*Wenn ihr **lieber Trockenkräuter** verwenden wollt, dann für 1 Bund ca. 40 g getrocknete Kräuter nehmen. Für 1 Zweig könnt ihr 5 bis 10 g (nach Wunsch) getrocknete Kräuter rechnen.*

"mehr Ziehzeit
= mehr Aroma"
ein ganzer Bund
Die
Kräuter
nicht
vergessen
× wenn gewünscht
Chiliflocken×

Honig-Senf-Marinade für Grillgemüse

Arbeitszeit
20 min Zubereitung
mind. 4 h zum Durchziehen, besser über Nacht

Menge
reicht für ca. 500 g Gemüse nach Wunsch

Zutaten
70 g Honig (alternativ Agavendicksaft oder Reissirup)
80 g Senf, mittelscharf
20 g Olivenöl
20 g Balsamico-Essig
3 g Salz
2 g Pfeffer
2 ganze Knoblauchzehen
Kräuter nach Wunsch, optional

Den Knoblauch pressen und mit den restlichen Zutaten in einer Schüssel homogen vermengen. Anschließend nochmals mit Salz und Pfeffer abschmecken.

Jetzt das geputzte und geschnittene Grillgemüse dazu geben und gut vermischen.

Für mind. 4 h abgedeckt im Kühlschrank durchziehen lassen, besser über Nacht.

Je länger das Gemüse mit der Marinade durchziehen kann, desto mehr Aroma kann in das Gemüse ziehen.

BBQ-Marinade für Grillgemüse

Arbeitszeit
20 min Zubereitung
mind. 4 h zum Durchziehen, besser über Nacht

Menge
reicht für ca. 500 g Gemüse nach Wunsch

Zutaten
60 g Sojasoße (glutenfrei)
80 g Honig (alternativ Agavendicksaft oder Reissirup)
40 g Weißweinessig
40 g Tomatenketchup
8 g Rauchpaprikapulver
1 Stk. Zitrone, den Saft davon
1 – 2 ganze Knoblauchzehen
3 g Rauchsalz
2 g Pfeffer

Den Knoblauch pressen und mit den restlichen Zutaten in einer Schüssel homogen vermengen. Anschließend nochmals mit Salz und Pfeffer abschmecken.

Jetzt das geputzte und geschnittene Grillgemüse dazu geben und gut vermischen.

Für mind. 4 h abgedeckt im Kühlschrank durchziehen lassen, besser über Nacht.

Je länger das Gemüse mit der Marinade durchziehen kann, desto mehr Aroma kann in das Gemüse ziehen.

Drei
×
Gebackenes vom Grill

Mini-Pizzen

Arbeitszeit
Vorbereitung: ca. 1 h
Grillen ca. 5 min

Menge
Ergibt 10 Mini-Pizzen

Zutaten Pizzateig
210 g lauwarmes Wasser (ca. 28 °C)
25 g Olivenöl
4 g Salz
250 g Schär Mix Brot
10 g Frischhefe oder
5 g Trockenhefe
Maisgrieß zum Ausrollen

Zutaten schnelle Tomatensoße
30 g Tomatenmark, 3fach konzentriert
Wasser nach Bedarf
Ital. Gewürze nach Wunsch
Salz nach Wunsch
Pfeffer nach Wunsch

Belag
ca. 200 g geriebener Gouda oder Emmentaler
Belag nach Wunsch

Herstellung Pizzateig

Die Zutaten in der angegebenen Reihenfolge in die Rührschüssel geben. Zunächst 30 Sek. auf langsamster Stufe mischen und dann 5 min auf mittlerer Stufe kneten lassen. Bitte am Anfang mit einem Schaber den Rand der Schüssel sauber kratzen, sodass alle Zutaten im Teig ankommen.

Nach dem Ende der Knetzeit die Rührschüssel mit einem feuchten Tuch abdecken und 45 min ruhen lassen.

Herstellung Mini-Pizzen

Währenddessen den Belag nach Wunsch vorbereiten und jede Zutat in eine Schale geben.

Anschließend den Teig auf einem Tisch kurz durchkneten und 50 g Stücke abwiegen. Die 10 Teigstücke rund schleifen und auf ein Brett oder Teller legen, der vorher mit Maisgrieß dünn bestäubt wurde. Abdecken und stehen lassen.

Den Pizzastein auf den Grill legen, damit er aufheizen kann.

Nun die Tomatensoße herstellen, indem man in einer Tasse das Tomatenmark mit Wasser so streckt, dass es nicht zu fest, aber auf keinen Fall fließend ist. Dann mit den Gewürzen abschmecken.

Jetzt die Teiglinge, die Tomatensoße, eine kleine Schale Maisgrieß und die Zutaten für den Belag nach draußen bringen. Jetzt kann jeder seine Mini-Pizza selber ausformen und dann mit einem Teelöffel dünn die Tomatensoße auf dem Teigling verteilen.

Dann geriebenen Käse aufstreuen und weiter nach Wunsch belegen.

Jetzt die Pizzen auf einer Platte, die mit Maisgrieß bestäubt ist, legen und mit einem Pfannenwender oder einem Pizzaschieber die Pizzen auf den vorgeheizten Pizzastein legen.

Grilldeckel schließen und nach ca. 5 bis 10 min sind die Pizzen fertig, je nach Hitze vom Grill.

Ich empfehle bis 300 °C für die Mini-Pizzen.

In dieser Variante haben Kinder aber auch Erwachsene viel Spaß dabei, ihre Pizza selbst zu belegen. Einfach die Teige als Kugeln auf eine Platte legen und auf den Tisch der Gäste stellen, die Soße und den Belag auch in kleinen Schalen dazu stellen. Maisgrieß hinzu: Und los geht der Spaß, die eigene gegrillte Pizza selber zu belegen.

Fladenbrot Machete

Arbeitszeit
Vorbereitung: 75 min
Grillzeit: ca. 15 - 20 min
je nach Hitze im Grill

Menge
Ergibt 7 Stück

Zutaten
300 g Wasser, ca. 28 °C
150 g Naturjoghurt
(ggf. durch Wasser ersetzen)
40 g Olivenöl
6 g Salz
500 g Schär Mix Brot
10 g Trockenhefe oder
21 g Frischhefe
130 g Mais
(aus der Dose), abgetropft
100 g Peperoni, grün
110 g Paprika, rot
60 g Tomaten in Öl
5 – 8 g Chili-Pulver
Maisgrieß zum Ausrollen

Peperoni in Ringe schneiden, Paprika mittelgrob würfeln, Mais und Tomaten in Öl abtropfen lassen, Tomaten würfeln und alles mit dem Chili-Pulver in eine Schüssel geben, vermischen und zur Seite stellen.

Dann Salz, Öl, Joghurt und Wasser in eine Rührschüssel geben. Dann das Mehl einwiegen und zuletzt die Hefe auf das Mehl wiegen. Frischhefe dafür einfach zerbröseln.

Zunächst 30 Sek. bei langsamer Geschwindigkeit vermischen lassen und dann 5 min bei mittlerer Geschwindigkeit kneten. Es ist am Anfang sehr wichtig, den Rand der Schüssel mit einem Teigschaber sauber zu kratzen, damit alle Zutaten in den Teig kommen. 1 min vor Ende der Knetzeit die Gemüse-Gewürz-Mischung dazu geben.

Nach dem Kneten die Schüssel mit einem feuchten Tuch abdecken und 60 min an einem warmen Ort (ca. 24 – 28 °C) ruhen lassen. Der Teig ist nach dem Kneten sehr weich, zieht aber während dieser Ruhephase noch nach.

Nach der Teigruhe den Teig auf eine leicht bemehlte Arbeitsfläche geben und zu einer Kugel formen. Hiervon jetzt 7 mal 200 g Stücke abwiegen, jedes Stück zu einer Kugel formen und rund auf ca. 1,5 bis 2 cm Dicke ausrollen. Zum Ausrollen die Arbeitsfläche mit Maisgrieß bestreuen.

Die ausgerollten Teiglinge auf das Backblech oder die Backbleche legen, die Oberfläche dünn mit Olivenöl abstreichen und mit Maisgrieß dünn bestreuen.

Man kann die Teiglinge auch auf Backpapier, das gut mit Maisgrieß bestreut ist, legen. Die Gare beträgt 25 bis 30 min. Einfach nur abgedeckt stehen lassen.

Einen heißen Stein im Grill mit vorheizen und nach der Gare die Teiglinge dort drauflegen, Deckel des Grills schließen und ca. 20 min backen. Erst dann kontrollieren und ggf. nachbacken.

Der Grill sollte ca. 250 °C bis 300 °C heiß sein.

Focaccia

Arbeitszeit
Zubereitungszeit: 80 min
Grillzeit: ca. 20 min

Menge
Ergibt 1 Stück

Zutaten
210 g Wasser (ca. 28 °C)
40 g Olivenöl
3 g Salz
250 g Schär Mix Brot
10 g Frischhefe oder
5 g Trockenhefe
Maisgrieß zum Bestreuen

Vor dem Backen
2 EL Basilikum, getrocknet
1 EL Meersalz oder
grobes Salz
10 bis 15 Stk. Cherry-Tomaten

Die Zutaten in der angegebenen Reihenfolge in die Rührschüssel geben. Zunächst 30 Sek. auf langsamster Stufe mischen, dann 5 min auf mittlerer Stufe kneten lassen. Bitte am Anfang des Knetvorgangs den Rand der Schüssel mit einem Teigschaber sauber kratzen, damit wirklich alle Zutaten im Teig ankommen. Nach Ende der Knetzeit die Schüssel mit einem feuchten Tuch abdecken und den Teig bei Zimmertemperatur 30 min ruhen lassen.

Die Cherry-Tomaten waschen und halbieren.

Nach der Ruhe den Teig auf einem Tisch kurz durchkneten, nicht zu dünn ausrollen, auf den Grillstein, der locker mit Maisgrieß bestreut ist, legen und 40 min bei Raumtemperatur garen. Man kann auch den Teigling auf Backpapier, das gut mit Maisgrieß bestreut ist, legen. Die Gare beträgt 30 bis 40 min. Einfach nur abgedeckt stehen lassen.

Nach der Gare mit den Fingern ein paar Vertiefungen in den Teig drücken, mit Olivenöl gleichmäßig beträufeln und verstreichen und mit dem Meersalz und dem Basilikum bestreuen. Dann die halben Cherry-Tomaten auf der Focaccia, mit der Schnittfläche nach oben, verteilen und etwas in den Teig drücken.

Die Focaccia auf dem Pizzastein in den heißen Grill legen, den Deckel des Grills schließen und ca. 20 min backen. Erst dann kontrollieren und ggf. nachbacken.

Der Grill sollte ca. 250 °C bis 300 °C heiß sein.

Kräuterfladen

Arbeitszeit
Herstellzeit: 65 min
Grillzeit: 10 – 15 min

Menge
Ergibt 8 Stangen

Zutaten
560 g Schär Mix Brot
9 g Salz
500 g Wasser (30 °C)
45 g Olivenöl
12 g Trockenhefe oder
24 g Frischhefe

Zutaten Belag
Olivenöl
Kräuter nach Wunsch, gehackt, frisch oder getrocknet (z. B. Basilikum, Thymian, Rosmarin, Curry, Paprika, Chili, Knoblauch, Kräuter der Provence usw.)

Zuerst das Salz, Öl und Wasser in die Rührschüssel geben, dann das Mehl einwiegen und zum Schluss die Hefe auf das Mehl wiegen. Die Frischhefe dafür einfach zerbröseln, sie muss nicht in Flüssigkeit aufgelöst werden.

Die Zutaten zunächst 30 Sek. bei langsamer Geschwindigkeit vermischen lassen, dann 5 min bei mittlerer Geschwindigkeit kneten. Es ist am Anfang sehr wichtig, den Rand der Schüssel mit einem Teigschaber sauber zu kratzen, damit wirklich alle Zutaten in den Teig kommen.

Nach dem Knetvorgang die Schüssel mit einem feuchten Tuch abdecken und 45 min an einem warmen Ort (ca. 24 – 28 °C) stehen lassen. Der Teig ist nach dem Kneten sehr weich, zieht aber während der Ruhephase noch nach.

Nach der Teigruhe den Teig auf eine leicht bemehlte Arbeitsfläche geben und zu einer Kugel formen. Nun für die Kräuterfladen 150 g Teigstücke abwiegen und jeweils zu einer Kugel formen und dann ca. 10 cm lang rollen.

Die Rollen ca. 1 - 2 cm dick ausrollen. Dann mit Olivenöl beträufeln und mit einem Pinsel verteilen. Anschließend mit getrockneten oder frischen, gehackten Kräutern bestreuen. Die Kräuterfladen auf ein Backblech mit Backpapier setzen und nun 30 min garen lassen. Den Grill passend auf 250 °C bis 300 °C vorheizen.

Nach Ende der Gare die Fladen auf den Grill legen und ca. 10 bis 15 min grillen lassen. Je nach Wunsch der Farbe und Kruste.

Hinweis:
Es folgen 4 verschiedene Füllungen. Da ist für jeden Geschmack etwas dabei!

Knabberstangen

Arbeitszeit
Herstellzeit: ca. 75 min
Grillzeit: ca. 10 – 15 min

Menge
Ergibt ca. 15 Stangen

Zutaten Teig
425 g lauwarmes Wasser (ca. 28 °C)
50 g Olivenöl
8 g Salz
500 g Schär Mix Brot
21 g Frischhefe oder
10 g Trockenhefe

Herstellung Teig

Die Zutaten in der angegebenen Reihenfolge in die Rührschüssel geben. Zunächst 30 Sek. auf langsamster Stufe mischen und dann 5 min auf mittlerer Stufe kneten lassen. Bitte am Anfang mit einem Schaber den Rand der Schüssel sauber kratzen, sodass alle Zutaten im Teig ankommen.

Nach dem Ende der Knetzeit die Rührschüssel mit einem feuchten Tuch abdecken und 45 min ruhen lassen.

Den Grill auf 250 °C bis 300 °C mit dem Grillstein vorheizen. Währenddessen die Füllung(en) machen.

Zutaten
100 g getrocknete Tomaten in Öl, fein gewürfelt oder Tomatenmark 3-fach konzentriert
3 g getrocknete ital. Kräuter
etwas Knoblauchpulver
20 g Zwiebel, fein gewürfelt
100 g Mascarpone
150 g Cherry-Tomaten
40 g Parmesan, fein gerieben
ca. 20 g GF-Semmelbrösel (je nach Festigkeit der Füllung)

Herstellung italienische Füllung

Alle Zutaten in ein hohes Gefäß geben und mit dem Pürierstab kurz aufmixen, sodass eine homogene Masse entstanden ist. Sollte die Masse zu weich sein, mit den glutenfreien Semmelbrösel abbinden. Nicht alles auf einmal an Semmelbrösel dazu geben, sondern nur das Nötigste.

Achtung:
Alle Füllungen sind jeweils für 1x das Teigrezept ausgelegt.

Zutaten
200 g Feta
400 g Blattspinat, tiefgekühlt
Olivenöl nach Bedarf
2 Zehen Knoblauch
50 g Zwiebel, sehr fein gewürfelt
Muskat, Salz, Pfeffer nach Wunsch

Herstellung Spinat-Füllung

Den Spinat in einem Sieb auftauen lassen und mit den gewürfelten Zwiebeln zur Seite stellen.

Feta und Knoblauch in den Mixer geben und mit etwas Olivenöl so fein pürieren, dass er streichfähig ist. Die Menge Öl hängt davon ab, was der Feta benötigt, um streichfähig zu sein. Danach mit Muskat, Salz und Pfeffer würzen.

Zutaten
90 g Sonnenblumenkerne, roh, geschält
90 g Cashewkerne, roh, geschält
50 g Öl
20 g Zitronensaft
1 ganze Mango
10 g Currypulver, je nach Aroma auch mehr
Salz und weißer Pfeffer nach Wunsch

Herstellung Mango-Curry-Füllung

Mango schälen, entkernen und grob würfeln. Anschließen die Mango mit den Sonnenblumen- und Cashewkernen in einen Mixer geben und mit dem Öl und dem Zitronensaft sehr fein und homogen aufmixen. Dann das Currypulver dazu geben und nochmals durchmischen. Anschließend mit Salz und weißem Pfeffer abschmecken. Nach Wunsch noch mehr Currypulver hinzufügen.

Zutaten
200 g geriebener Käse
100 g Mascarpone
200 g Mozzarella, Kugel klein gewürfelt
Salz, Pfeffer, Paprika oder andere Gewürze nach Wunsch

Herstellung Käse-Füllung

Alle Zutaten in den Mixer geben und kurz homogen aufmixen.

Herstellung Knabberstangen

Nach der Teigruhe den Teig auf einem Tisch kurz durchkneten und zu einer Kugel formen.

Dann den Teig zu einem Rechteck flachdrücken und auf 3 bis 5 mm Dicke ausrollen. Jetzt die jeweilige Füllung aufbringen.

Alle Füllungen gelten für den gesamten, ausgerollten Teig. Sie werden einfach auf die untere Hälfte der Teigplatte aufgestrichen – außer die Spinat-Füllung.

Bei der Spinat-Füllung erst die Feta-Paste gleichmäßig auf die untere Hälfte aufstreichen und dann den Blattspinat und die Zwiebelwürfel auf der unteren Hälfte gleichmäßig verteilen. Dabei darauf achten, dass die Auflage nur eine Lage hat.

Jetzt die obere Hälfte der Teigplatte, die nicht bestrichen ist, auf die untere Hälfte umklappen und andrücken. Nun die Teigplatte mit einem Pizzaschneider in 2 cm breite Streifen schneiden. Diese dann zwirbeln und auf Backpapier legen. Dann mit etwas Wasser dünn bepinseln. Nun die Stangen mit einem feuchten Tuch abdecken und 30 min gehen lassen. Anschließend auf den vorgeheizten Grill legen, entweder mit direkter Hitze oder besser auf einem heißen Stein und ca. 10 – 15 min grillen lassen.

Bärlauch-Brötchen vom Grill

Hinweis:
Ich empfehle das Backen auf einem Grill-/Pizzastein.

Arbeitszeit
Herstellzeit: 85 min
Backzeit: ca. 10 – 14 min

Menge
Ergibt ca. 16 Stk.

Zutaten Teig
425 g Buttermilch (ca. 28 °C)
50 g Pflanzenöl, neutral
10 g Salz
500 g Schär Mix Brot
21 g Frischhefe oder
10 g Trockenhefe
5 g Zucker

Herstellung Teig

Die Zutaten in der angegebenen Reihenfolge in die Rührschüssel geben. Zunächst 30 Sek. auf langsamster Stufe mischen und dann 5 min auf mittlerer Stufe kneten lassen. Bitte am Anfang mit einem Schaber den Rand der Schüssel sauber kratzen, sodass alle Zutaten im Teig ankommen.

Nach dem Ende der Knetzeit die Rührschüssel mit einem feuchten Tuch abdecken und 45 min ruhen lassen.

Den Grill auf 250 °C bis 300 °C vorheizen. Wenn mit Grillstein gebacken wird, diesen mit aufheizen. Währenddessen die Bärlauch-Butter herstellen.

Zutaten Bärlauch-Butter
150 g Butter, weich
25 g Parmesan, gerieben
250 g frischen Bärlauch, gewaschen, trockengeschleudert
10 g Zitronensaft
Salz und Pfeffer nach Wunsch
5 g Zucker

Herstellung Bärlauch-Butter

Den Bärlauch fein hacken und mit den anderen Zutaten homogen vermischen. Abschmecken nach Wunsch.

Herstellung der Bärlauch-Brötchen

Den Teig nach der Teigruhe auf dem Tisch fest zusammenschlagen und dann zu einer Kugel formen. Dann die Kugel zu einer Rolle formen und diese flach drücken.

Ein Rechteck von ca. 1 – 2 cm Dicke rollen. Dann die Bärlauch-Butter auf dem Teig verstreichen und anschließend von oben nach unten der Länge nach aufrollen.

Dann die Rolle mit dem Schluss nach unten vor sich legen und aus der Rolle ca. 12 – 15 Stücke schneiden. Diese dann, wie die Franz-Brötchen, in der Mitte mit dem Stil eines Rührlöffels eindrücken.

Anschließend auf ein Grillblech oder ein Backpapier setzen und abdecken. Nach 30 min Gare die Brötchen dünn mit Wasser abstreichen und mit dem Grillblech auf dem Grill ca. 10 – 14 min fertig grillen.

Sollte ein Grillstein benutzt werden, diesen etwas bemehlen und die Bärlauch-Brötchen dann von Hand auf den Grillstein setzen. Backzeit auch hier ca. 10 – 14 min.

Käse-Scones vom Grill

Arbeitszeit
Herstellzeit: 40 min
Grillzeit: ca. 12 – 15 min

Menge
Ergibt ca. 8 – 10 Stk.

Zutaten
275 g Schär Mix Brot
10 g Puderzucker
15 g Backpulver
5 g Salz
80 g Butter, kalt und gewürfelt
20 g Eigelb
180 g Buttermilch
5 g Zitronensaft
5 g Kräuter, trocken, fein gehackt (wenn gewünscht)
100 g Käse nach Wahl
Pfeffer nach Wunsch
Sauerrahm nach Wunsch

zum Abstreichen
20 g Eigelb mit
10 g Buttermilch und
Prise Salz vermischen

Grill auf 250 °C bis 300°C vorheizen. Wenn auf Grillstein gebacken wird, diesen bitte mit aufheizen.

Mix Brot, Puderzucker, Backpulver, Salz, Kräuter und Pfeffer gut miteinander vermischen. Buttermilch, Zitronensaft und Eigelb miteinander verrühren.

Die Butter muss sehr kalt sein und in kleine Würfel geschnitten werden.

Die kalten Butterwürfel zu den trockenen, vermischten Zutaten geben und von Hand die Butter unter die trockenen Zutaten reiben, bis ein bröseliger Mix entsteht, ähnlich der Konsistenz von Paniermehl.

Nun den Buttermilch-Zitronensaft-Eigelb-Mix nach und nach dazu geben und von Hand so kurz wie möglich einen Teig herstellen. Es ist wichtig, dass hier nicht zu lange geknetet wird. Den Käse in kleine Würfel schneiden und zügig unter den Teig homogen verkneten.

Den Teig 15 min im Kühlschrank, ruhen lassen und dann auf einer bemehlten Arbeitsfläche auf eine Dicke von 3 cm ausrollen und mit einem Glas oder rundem Ausstecher von mind. 7 cm die Scones ausstechen.

Den restlichen Teig vorsichtig zusammenkneten und wieder ausrollen und ausstechen. Den Vorgang so lange wiederholen, bis der Teig verbraucht ist.

Die ausgestochenen Scones auf ein Grillblech oder auf Backpapier legen und mit der Eigelb-Mischung abstreichen und das Backblech direkt auf den Grill stellen.

Für den Grillstein die Scones vom Backpapier nehmen und auf den heißen Stein stellen.

Backzeit ist je nach Größe zwischen 12 und 15 min.

Noch warm servieren, z. B. mit Sauerrahm.

*Es können **jegliche Kräuter** nach Wunsch verwendet werden, ebenso **verschiedenste Gewürze**.*

*Sollen sie **als süßes Dessert** vom Grill gewünscht sein, dann 30 g Puderzucker und Kräuter sowie Käse weg lassen.*

*Es können auch bis zu 50 g fein **gehackte Trockenfrüchte** in den Teig gegeben.*

Stockbrot

Arbeitszeit
Teigherstellung: 10 min
Stockbrot wickeln:
ca. 5 – 8 min

Menge
Teig für ca. 4 Personen

Zutaten
425 g lauwarmes Wasser (ca. 28 °C)
50 g Olivenöl
8 g Salz
500 g Schär Mix Brot
21 g Frischhefe oder
10 g Trockenhefe

Alufolie für den Stock
4 Stöcke mit
mind. 1 m Länge

Die Zutaten in der angegebenen Reihenfolge in die Rührschüssel geben. Zunächst 30 Sek. auf langsamster Stufe mischen und dann 5 min auf mittlerer Stufe kneten lassen. Bitte am Anfang mit einem Schaber den Rand der Schüssel sauber kratzen, sodass alle Zutaten im Teig ankommen.

Nach dem Ende der Knetzeit die Rührschüssel mit einem feuchten Tuch abdecken und 45 min ruhen lassen.

In der Zwischenzeit die Stöcke mit Alufolie an den ersten 20 cm so umwickeln, dass die Folie überall festsitzt.

Nach der Teigruhe den Teig kräftig flach klopfen und zu einer Kugel formen.

Den Teig auf ca. 8 bis 10 mm dick ausrollen und in 2 cm breite Streifen schneiden. Die Streifen dann im Alufolienbereich leicht überlappend um die Stöcke wickeln und etwas andrücken.

So lange über das Feuer oder die Glut halten, bis die gewünschte Farbe erreicht ist. Dabei ist das Drehen der Stöcke wichtig, damit der Teig gleichmäßig durchbacken kann.

Hinweis:
Es können dem Teig auch Kräuter oder Rostzwiebeln, Speck oder Käse zugegeben werden.

Brot-Tomaten-Spieße

Arbeitszeit
Zubereitung: 35 min
Grillzeit: 2 – 4 min

Menge
Ergibt 6 Spieße

Zutaten Marinade
90 g Olivenöl
5 Stk. Knoblauchzehen
15 g Kräuter, getrocknet, nach Wunsch

Herstellung Marinade

Knoblauch schälen und in eine kleine Schüssel pressen. Dann das Olivenöl und die getrockneten Kräuter (z. B. ital. Kräutermischung oder Mischung aus Basilikum, Thymian und Oregano) dazu geben und gut verrühren. 30 min ziehen lassen.

Zutaten Spieße
5 Tomaten, mittelgroß
2 Brötchen, hell, glutenfrei, ca. 60 g/Stk.
Marinade
Salz und Pfeffer nach Wunsch
6 Stk. Holzspieße

Herstellung Spieße

Die Tomaten waschen und dann vierteln. Die Kerne entfernen und dann die Tomatenstücke quer halbieren.

Brötchen in passende Stücke schneiden.

Die Tomaten- und Brötchenstücke abwechselnd auf Holzspieße stecken und dann die Marinade auf den Spießen mit einem Pinsel verteilen. Dann noch, wenn gewünscht, mit Salz und Pfeffer würzen.

Die Spieße auf den Grillrost legen und für 2 – 3 min grillen. Zeit kann nach Wunsch auch verlängert werden.

Vier

×

Snacks

Würstchen im Schlafanzug

Arbeitszeit
Vorbereitungszeit: 60 min
Grillzeit: 10 – 15 min

Menge
Für 8 große Würstchen
oder mind. 16 kleine

Zutaten Grillteig
210 g lauwarmes Wasser
(ca. 28 °C)
25 g Olivenöl
4 g Rauchsalz
250 g Schär Mix Brot
10 g Frischhefe oder
5 g Trockenhefe

Zutaten Würstchen im Schlafanzug
8 große Würstchen oder
1 Glas/Dose Mini-Würstchen

Herstellung Grillteig

Den Grill aufheizen auf 250 °C bis 300 °C.

Die Zutaten in der angegebenen Reihenfolge in die Rührschüssel geben. Zunächst 30 Sek. auf langsamster Stufe mischen und dann 5 min auf mittlerer Stufe kneten lassen. Bitte am Anfang mit einem Schaber den Rand der Schüssel sauber kratzen, sodass alle Zutaten im Teig ankommen.

Nach dem Ende der Knetzeit die Rührschüssel mit einem feuchten Tuch abdecken und 45 min ruhen lassen.

Herstellung Würstchen im Schlafanzug

Anschließend den Teig auf einem Tisch kurz durchkneten. Den Teig auf 2 bis 3 mm Dicke ausrollen und in Streifen schneiden, die so breit sind, wie die verwendete Wurst lang ist. Je dünner der Teig ausgerollt wird, desto knuspriger wird er.

Dann ein Würstchen auflegen und mit dem Teig einrollen, bis es wieder den Teig berührt, abschneiden und etwas andrücken. So mit allen weiteren Würstchen verfahren.

Nun auf einem Grillblech oder einer Backschale grillen. Grillzeit ca. 10 – 15 min, je nach Größe der Würstchen.

Blumenkohl-Nuggets

Arbeitszeit
Vorbereitungszeit: 30 min
Grillzeit: 45 min

Menge
Für 8 große Würstchen
oder mind. 16 kleine

Zutaten BBQ-Marinade
90 g Sojasoße (glutenfrei)
120 g Honig (alternativ Agavendicksaft oder Reissirup)
60 g Weißweinessig
60 g Tomatenketchup
12 g Rauchpaprikapulver
1,5 Stk. Zitrone, den Saft davon
3 – 4 ganze Knoblauchzehen
5 g Rauchsalz
3 g Pfeffer

Zutaten Nuggets
1 Kopf Blumenkohl
410 g BBQ-Marinade
60 g Sauerrahm
20 g Rohrohrzucker
60 g Eigelb
200 g Schär Mix Brot

Herstellung BBQ-Marinade

Den Knoblauch pressen und mit den restlichen Zutaten in einer Schüssel homogen vermengen. Anschließend nochmals mit Salz und Pfeffer abschmecken.

Herstellung Nuggets

Den Grill auf 250 – 300 °C vorheizen. Den Blumenkohl säubern und die Röschen in gewünschter Größe abschneiden.

Die Röschen dann mit 200 g der BBQ-Marinade homogen vermischen.

Anschließend aus Sauerrahm, Rohrohrzucker, Eigelb und Schär Mix Brot eine Art Panade herstellen und dann die BBQ-Blumenkohlröschen einzelnd in der Panade gleichmäßig panieren.

Nun die Röschen auf ein Grillblech mit Grillfolie verteilen und in den Grill stellen.

Die Grillzeit beträgt insgesamt ca. 40 – 45 min. Nach 10 – 12 min die Röschen wenden. 15 min vor Ende der Grillzeit- die Nuggets vom Grill nehmen und nochmals mit der Marinade vorsichtig mischen und zu ende grillen. Wenden nicht vergessen.

Hinweis:
Es folgen 4 verschiedene Füllungen. Da ist für jeden Geschmack etwas dabei!

Gefüllte Baguette-Brötchen

Arbeitszeit
Vorbereitungszeit: 90 min
Grillzeit: ca. 20 – 25 min

Menge
Ergibt 6 Baguette-Brötchen

Alle Füllungen sind für das einfache Rezept angelegt.

Zutaten Teig
520 g Schär Mix Brot
8 g Salz
450 g Wasser (30 °C)
40 g Öl, nach Wunsch
10 g Trockenhefe
oder 21 g Frischhefe

Herstellung Teig

Zuerst das Salz, Öl und Wasser in die Rührschüssel geben, dann das Mehl einwiegen und zum Schluss die Hefe auf das Mehl wiegen. Die Frischhefe dafür einfach zerbröseln, sie muss nicht in Flüssigkeit aufgelöst werden.

Die Zutaten zunächst 30 Sek. bei langsamer Geschwindigkeit vermischen lassen, dann 5 min bei mittlerer Geschwindigkeit kneten. Es ist am Anfang sehr wichtig, den Rand der Schüssel mit einem Teigschaber sauber zu kratzen, damit wirklich alle Zutaten in den Teig kommen.

Nach dem Knetvorgang die Schüssel mit einem feuchten Tuch abdecken und 45 min an einem warmen Ort (ca. 24 – 28 °C) ruhen lassen. Der Teig ist nach dem Kneten sehr weich, zieht aber während der Ruhephase noch nach.

Nach der Teigruhe den Teig auf eine leicht bemehlte Arbeitsfläche geben und zu einer Kugel formen. Nun für die Baguette die Kugel in 6 Stücke teilen. Diese wieder rund schleifen und dann jeweils zu einem Baguette-Brötchen formen.

Diese auf das Grillblech oder eine Grillfolie setzen. Abdecken und 30 min garen lassen. Währenddessen die Füllungen richten. Grill auf 250 °C bis 300 °C vorheizen.

Zutaten
100 bis 150 g roher Schinken gewürfelt
1 Becher Schmand oder Sauerrahm
1 mittlere Zwiebel fein gewürfelt
100 bis 200 g geriebener Emmentaler
Salz und Pfeffer nach Wunsch

Herstellung Flammkuchen-Mini-Baguette

Nach der Gare die Mini-Baguette in der Mitte von vorne bis hinten ungefähr bis zur Hälfte einschneiden und etwas auseinander drücken. Anschließend den Sauerrahm/Schmand in die Mitte streichen. Danach Speck und Zwiebeln nach Wunsch aufstreuen und mit dem geriebenen Käse abdecken.

Dann für ca. 20 – 25 min im Ofen grillen.

Tipp: Zwiebeln und Speck können gegen jeden Belag ausgetauscht werden, den ihr euch auf einem Flammkuchen vorstellen könnt.

Zutaten
220 g getrocknete Tomaten in Öl, abgetropft
2 Zweige Rosmarin
6 Scheiben Raclette-Käse
Pfeffer und Salz nach Wunsch

Herstellung Tomaten-Füllung

Die getrockneten Tomaten in kleine Würfel schneiden und die Rosmarinzweige abzupfen. Dann den Rosmarin fein hacken.

Nach der Gare die Mini-Baguette in der Mitte von vorne bis hinten ungefähr bis zur Hälfte einschneiden und etwas auseinander drücken.

Nun den Raclette-Käse der Länge nach halbieren und eine Hälfte in den Schnitt legen. Dann die Tomatenwürfel auf den Brötchen verteilen und den gehackten Rosmarin verteilen. Dann die andere Hälfte des Raclette-Käses auf die Brötchen verteilen und mit Salz und Pfeffer nach Wunsch würzen.

Die Brötchen auf dem Grill für 20 – 25 min grillen.

Zutaten
40 g Pinienkerne
3 Knoblauchzehen, geschält und gehackt
4 g Meersalz
120 g Parmesan, gerieben
200 g Olivenöl
5 Bund Basilikum, frisch (60 – 80 g)
Pfeffer, nach Wunsch

Herstellung Pesto Verde-Füllung

Die Pinienkerne in einer Pfanne ohne Fett leicht anrösten. Auf einem Teller etwas auskühlen lassen.

Die noch lauwarmen Pinienkerne mit den Knoblauchzehen in einem Mixer oder Mixstab zu einer homogenen Masse vermischen.

Salz und Basilikum hinzugeben und so lange mixen, bis eine homogene grüne bis hellgrüne Masse entstanden ist.

Jetzt das Olivenöl und den Parmesan zugeben und nochmals so lange mixen, bis die Masse cremig ist.

Nun kann das fertige Basilikum-Pesto mit Pfeffer noch nach Wunsch abgeschmeckt werden.

Nach der Gare die Mini-Baguette in der Mitte von vorne bis hinten ungefähr bis zur Hälfte einschneiden und etwas auseinander drücken.

Nun das Pesto Verde gleichmäßig auf den Schnitt, in den Schnitt und auf der Oberfläche verteilen.

Die Brötchen auf dem Grill für 20 – 25 min grillen. Das restliche Pesto mit dem Brötchen servieren als Topping oder Dip.

Zutaten
250 ml Olivenöl
100 g Pinienkerne
25 g roten Basilikum, frisch
130 g Parmesan, gerieben
4 g Meersalz
250 g Tomaten, getrocknet, nicht in Öl

Herstellung Pesto Rosso-Füllung

Die getrockneten Tomaten über Nacht in dem Olivenöl einlegen.

Am nächsten Tag die Pinienkerne in einer Pfanne ohne Fett anrösten.

Dann alle Zutaten mit den getrockneten Tomaten und dem Öl in einen Mixer geben und so lange mixen, bis es eine stabile, aber sämige Konsistenz hat.

Nach der Gare die Mini-Baguette in der Mitte von vorne bis hinten ungefähr bis zur Hälfte einschneiden und etwas auseinander drücken.

Jetzt das Pesto Rosso gleichmäßig auf den Schnitt, in den Schnitt und auf der Oberfläche verteilen.

Die Brötchen auf dem Grill für 20 – 25 min grillen. Das restliche Pesto mit dem Brötchen servieren als Topping oder Dip.

***Rotes Basilikum**, gibt es nur in der Saison dafür, und wenn, dann in großen Supermärkten oder bei gut sortierten Baumärkten als Topfpflanze.*

Mini-Frikadellen

Arbeitszeit
Zubereitungszeit: 20 min
Grillzeit: ca. 8 – 12 min.
je nach Größe

Menge
Ergibt 10 – 14 Frikadellen
je nach Größe

Zutaten
500 g Hackfleisch
o. Faschiertes, nach Wunsch
250 g Magerquark
oder Magertopfen
10 g Senf, nach Wunsch
10 g Tomatenmark
3 g Salz
2 g Pfeffer
2 g Muskat
2 g Paprika, rosenscharf
5 g Gewürz nach Wunsch
(Oregano, Basilikum,
Rosmarin, Thymian,
Gyrosgewürz o.ä.)

Den Magerquark/Magertopfen zunächst für 30 min abtropfen lassen. Anschließend alle Zutaten sehr homogen miteinander verkneten. Die Masse wird durch den Quark schmierig und sehr rosa, aber das ist normal.

Die Fleischmasse kann jetzt gut gekühlt über Nacht absteifen oder direkt zu Mini-Frikadelle geformt werden. Es sollten je nach gewünschter Größe 10 – 14 Mini-Frikadellen werden.

Aufgrund des Wasseranteils vom Quark schrumpfen die Mini-Frikadellen etwas stärker beim Braten.

Die Mini-Frikadellen direkt auf den Grill legen oder auf einem Grillblech braten. Letzteres empfehle ich gerne. Die Dauer richtet sich nach der gewünschten Farbe oder Garzustand der Frikadelle.

Hummus

Arbeitszeit
Herstellzeit: ca. 30 min

Menge
Ergibt ca. 620 g Hummus

Zutaten
275 g Kichererbsen
175 g Eiswasser
2 mittelgroße Knoblauchzehen
Saft von 1 Zitrone (ca. 40 g)
4 g Salz (nach Wunsch mehr oder weniger möglich)
2 g Kreuzkümmel, gemahlen (nach Wunsch auch mehr)
200 g Tahina (Sesampaste nur aus Sesam)

Die Kichererbsen in einen guten Mixer geben. Dann anfangen zu mixen und nach und nach das Eiswasser zugeben. Dann den geschälten Knoblauch, Zitronensaft, Salz und Kreuzkümmel zugeben und so lange weiter mixen, bis eine homogene Paste (fast Soße) entstanden ist.

Jetzt das Tahina zugeben und mind. 1 bis 2 Minuten auf höchster Stufe weiter mixen, bis der Hummus cremig, sehr hell und fluffig ist.

Wenn der Hummus zu dick ist (er schlägt keine Wellen) einfach noch etwas Eiswasser drunter mixen. Er sollte sehr zart sein, aber schon stabil und im Mund ganz weich.

Wenn er fertig ist, nochmals abschmecken und ggf. Salz, Zitronensaft oder Kreuzkümmel unterrühren.

Zum Servieren den Hummus mit z.B. Olivenöl, Kichererbsen und/oder Kräutern dekorieren.

Tipp

***Als Beilage** empfehle ich geviertelte große Zwiebeln (einzelne Fächer) als Löffelersatz oder jegliches Gemüse als Sticks nach Wunsch*

Avocado-Hummus

Arbeitszeit
Herstellzeit: ca. 35 min

Menge
Ergibt ca. 750 g Hummus

Zutaten
275 g Kichererbsen
125 g Eiswasser
2 mittelgroße Knoblauchzehen
10 g Zitronensaft, frisch gepresst
4 g Salz (nach Wunsch mehr oder weniger möglich)
2 g Kreuzkümmel, gemahlen (nach Wunsch auch mehr)
150 g Tahina (Sesampaste nur aus Sesam)
1 ganze Avocado, reif
Chiliflocken, nach Wunsch

Die Kichererbsen in einen guten Mixer geben. Dann anfangen zu mixen und nach und nach das Eiswasser zugeben. Dann geschälten Knoblauch dazu pressen, Zitronensaft, Salz und Kreuzkümmel zugeben. Die Avocado schälen, entkernen und ich nicht zu große Würfel schneiden und dazu geben. Dann so lange mixen, bis eine homogene Paste entstanden ist.

Jetzt das Tahina zugeben und mind. 1 bis 2 Minuten auf höchster Stufe weiter mixen, bis der Hummus cremig und fluffig ist.

Wenn der Hummus zu dick ist (er schlägt keine Wellen) einfach noch etwas Eiswasser drunter mixen. Er sollte sehr zart sein, aber schon stabil und im Mund ganz weich.

Wenn er fertig ist, nochmals abschmecken und ggf. Salz, Zitronensaft oder Kreuzkümmel unterrühren.

Zum Servieren den Hummus mit z.B. Olivenöl, Kichererbsen, Avocado-Scheibchen und/oder Chiliflocken/Kräutern dekorieren.

Tomaten-Mozzarella-Spieße

Arbeitszeit
Vorbereitungszeit: über Nacht marinieren
Herstellungszeit: 20 min

Menge
Ergibt ca. 10 Spieße

Zutaten
500 g Cherry-Tomaten
250 g kleine Mozzarella-Kugeln
1 Topf oder Bund frisches Basilikum
4 TL Pesto alla Genovese
2 EL Balsamico
2 EL Tafelessig
7 EL Olivenöl
Salz
Pfeffer
10 Holzspieße, mind. 10 cm lang

Die Mozzarella-Kugeln abschütten und abtropfen lassen.

Währenddessen aus dem Pesto, Olivenöl, den Essigsorten, Salz und Pfeffer eine würzige Marinade machen. Sie darf stärker gewürzt sein, da der Mozzarella beim Marinieren noch Flüssigkeit abgibt.

Die Kugeln mit der Marinade mischen und gut verschlossen über Nacht im Kühlschrank ziehen lassen.

Am nächsten Tag die Tomaten entstielen und waschen. Sollten die Tomaten größer sein als die Kugeln, kann man sie einfach halbieren.

Als Erstes eine Tomate aufspießen, gefolgt von einem Blatt Basilikum, einer eingelegten Mozzarella-Kugel, wieder einem Basilikum Blatt und einer Tomate. Das so lange wiederholen, bis 3 Mozzarella-Kugeln und 4 Tomatenstücke aufgespießt sind.

Sollte der Spieß etwas länger sein, kann er einfach gekürzt werden. Die Stäbchen wieder gut verpackt kaltstellen, bis sie gegessen werden.

Gewürzte Nüsse

Arbeitszeit
Vorbereitung: ca. 15 min
Backzeit: ca. 10 – 15 min,
nach Wunsch des Röstgrades

Menge
Ergibt ca. 400 g
gewürzte Nüsse

Zutaten
400 g Nüsse, ungeröstet
nach Wunsch (Haselnüsse,
Cashewkerne, Walnüsse,
Erdnüsse usw. ohne Haut)
60 g Eiweiß
6 g Salz
8 – 10 g Currypulver
10 g Paprikapulver, edelsüß
2 g Cayennepfeffer

Den Ofen auf 160 °C Umluft oder 170 °C Ober-/Unterhitze vorheizen.

Das Eiweiß mit dem Salz steif schlagen und dann jeweils die Hälfte in 2 Schüsseln geben.

Zu der einen Hälfte Eiweiß das Currypulver geben und dazu 200 g der ungerösteten Nüsse und alles gut vermengen.

Zu der anderen Hälfte Eiweiß das Paprikapulver und den Cayennepfeffer geben und die anderen 200 g der ungerösteten Nüsse. Auch hier alles gut vermischen.

Nun die Nüsse nebeneinander auf ein Backblech mit Backpapier verteilen und im heißen Ofen für ca. 10 – 15 min, je nach gewünschter Röstung, backen.

Nach dem Backen die Nüsse abkühlen lassen und anschließend von Hand voneinander trennen.

Dann jede Sorte getrennt in ein Metallsieb geben und die überstehende Panade abschütteln. Die Nüsse dann in Cellophan-Tütchen verpacken oder direkt genießen.

Tipp

*Man kann natürlich auch gerne mehr Gewürz nehmen und auch die Gewürze **nach Wunsch** variieren.*

Fünf

×

Desserts

Gebackenes Vanilleeis vom Grill

Arbeitszeit
Vorbereitungszeit: 90 min
Backzeit: 10 min
Grillzeit: ca. 10 min

Menge
ca. 12 – 16 Muffinformen

Zutaten Mürbeteig-Torteletts
100 g kalte Butter, gewürfelt
1 g Salz (in sehr wenig Wasser aufgelöst)
100 g Puderzucker, gesiebt
Ein paar Spritzer Vanille-Butter-Aroma, Rum-Aroma und Zitronen-Aroma (alle Aromen gleichzeitig verwenden)
50 g Ei
490 g Schär Mix Kuchen und Kekse
20 g Backkakao
Dunkle Kuvertüre zum Ausstreichen nach dem Erkalten

Butter, Salzwasser, Zucker und Aromen so lange von Hand verkneten, bis eine geschmeidige Masse entstanden ist.

Nun die Eier untermischen und danach das Mehl und Kakao vorsichtig unterkneten, bis ein homogener Teig entstanden ist.

Bitte nicht zu lange kneten, da der Teig sonst brandig wird; er zerbröselt. Den Teig für 30 min gut eingepackt in den Kühlschrank legen.

Teig aus dem Kühlschrank nehmen und sehr dünn, max. 2 – 3 mm, ausrollen. Sollte der Teig etwas kleben, die Arbeitsplatte und den Teig dünn mit Reismehl bestäuben.

Mit einem großen runden Ausstecher die Teigplatten ausstechen und die dünn gefetteten Muffinförmchen (z. B. mit dem glutenfreien Trennfett aus den Rezepten meiner Homepage) damit auslegen. Was übersteht, abschneiden.

Wenn alle Förmchen fertig sind, kann man den restlichen Teig einfrieren oder zu Schoko-Keksen verarbeiten.

Nun den Teigboden mit einer Gabel mehrmals einstechen und bei 175 °C Umluft oder 185 °C Ober-/Unterhitze für ca. 10 min backen. Sie dürfen nicht fertig gebacken sein, da sie ja nochmals in den Grill kommen.

Nach dem Backen erst die Torteletts aus den Formen nehmen, wenn sie lauwarm sind. Dann auf einem Kuchengitter auskühlen lassen.

Währenddessen die Füllung vorbereiten.

Die ausgekühlten Tortelettes mit dunkler Kuvertüre dünn und gleichmäßig ausstreichen. Das verhindert das Durchweichen des Tortelettes durch das Eis.

Füllung herstellen

Ca. 500 g Obst nach Wunsch und nicht zu klein würfeln. Dann mit etwas Vanille-Zucker vermischen und in den Kühlschrank stellen.

Zutaten Baiser

60 g Eiweiß
60 g Zucker
35 g Puderzucker
5 g Mais- oder Kartoffelstärke
3 g Vanille-Zucker
1 Prise Salz
1 Spritzer Zitronensaft

Herstellung Baiser zum Überbacken

Eiweiß, Salz und Zucker schaumig schlagen. Sobald die Mischung weißlich ist, den Zitronensaft und Vanille-Zucker zugeben. Anschließend den Eischnee zu einer stabilen Masse fertig schlagen.

Währenddessen den Puderzucker mit der Stärke mischen und fein sieben.

Die Puderzucker-Stärke-Mischung von Hand unter den fertigen Eischnee heben.

Zutat Fertigstellung

1 Packung Vanille-Eis

Fertigstellung der Törtchen

Grill auf 250 °C bis 300 °C vorheizen. Dass der Grill einen Deckel hat, ist Voraussetzung.

Die Torteletts auf ein für den Grill passendes Grillblech mit Grillfolie stellen. Auf den Abstand achten, da ja noch Baiser obendrauf kommt.

Die Früchte unten in die Torteletts geben und mit dem Vanilleeis so bedecken, dass eine kleine Kuppel entsteht.

Nun das Baiser mit dem Spritzbeutel und großer Sterntülle (abhängig von der Größe der Muffinförmchen) auftragen, bis das Eis **komplett** abgedeckt ist (auch die Seiten nicht vergessen). Dazu vom Rand des Mürbeteigs in kreisförmigen Bewegungen nach oben gehend das Eis verdecken.

Wenn alle Torteletts mit Baiser abgedeckt sind, diese in den heißen Grill stellen und mit geschlossenem Deckel ca. 10 min abflämmen. Nach 5 min schon mal in den Grill hineinschauen.

Das Abflämmen ist fertig, wenn die Spitzen und Kanten des Baisers bräunen.

Gegrilltes Beeren-Crumble

Arbeitszeit
Zubereitungszeit: 45 min
Grillzeit: ca. 15 min, abhängig vom Bräunungsgrad

Menge
Ergibt ca. 4 – 6 Portionen

Zutaten Beeren-Mischung
250 g Erdbeeren
140 g Himbeeren
120 g Blaubeeren
1 Zitrone, die Schale davon gerieben
20 g Vanille-Zucker
20 g Zucker
10 g Maisstärke
5 g Minze, gehackt

Zutaten Streusel
100 g Zucker
180 g Butter
250 g Schär Mix Kuchen & Kekse
10 g Vanille-Zucker
50 g weiße Kuvertüre, fein gehackt
50 g Mandeln, geschält, gemahlen
2 g Salz
5 g Backpulver

Eis nach Wunsch

Herstellung Beeren-Mischung

Zuerst die Früchte säubern/waschen und trocknen. Dann die Erdbeeren halbieren und mit den restlichen Zutaten der Beeren-Mischung in einer Schüssel vorsichtig und gleichmäßig vermischen. 30 min ziehen lassen.

Jetzt die Streusel herstellen.

Herstellung Streusel

Backpulver, Mandeln und Mehl miteinander vermischen.

Butter mit Zucker verkneten, dann erst die restlichen Zutaten dazugeben und so kurz wie möglich verkneten.

Der Teig sollte noch bröselig sein, wenn man zu lange knetet, wird er zu Mürbeteig.

Herstellung Beeren-Crumble

Nun die Beeren-Mischung in eine Auflaufform geben und mit den Streuseln bedecken.

Dann die Auflaufform in den auf 250 °C – 300 °C vorgeheizten Grill stellen und so lange Backen, bis der Streusel leicht gebräunt ist und die Beeren weich sind.

Den Crumble leicht abkühlen lassen und mit Eis nach Wunsch servieren.

Gegrillte Erdbeer-Marshmallow-Spieße

Arbeitszeit
Vorbereitungszeit: 35 min
Grillzeit: 5 – 10 min

Menge
Ergibt 3 Spieße

Zutaten
15 Erdbeeren, mittelgroß
15 Marshmallows
Puderzucker zum Bestreuen beim Servieren
3 Stk. Holzspieße

Die Holzspieße 30 min im kalten Wasser einlegen.

In dieser Zeit die Erdbeeren waschen und trocken. Anschließend den Strunk entfernen.

Nun die Spieße aus dem Wasser nehmen und abtupfen.

Dann abwechselnd jeweils 3 Erdbeeren und 3 Marshmallows der Länge nach aufspießen.

Den Grill auf 230 °C aufheizen und die Spieße mit direkter Hitze so lange grillen, bis sie anfangen, braun zu färben und sich ein Muster abzeichnet.

Achtung: *Stehts dabei bleiben!*

Die Spieße auf Tellern noch warm servieren und vor dem Servieren mit Puderzucker etwas abstauben.

Hinweis:
Denkt unbedingt daran, die Holzspieße frühzeitig in kaltes Wasser zu legen.

Hinweis:
Auch TK-Früchte sind geeignet

Frucht-Muffins vom Grill

Arbeitszeit
Zubereitungszeit: 20 min
Grillzeit: ca. 20 – 25 min

Menge
Ergibt 12 Muffins

Zutaten Teig
200 g Schär Mix Kuchen und Kekse
115 g Butter weich
115 g Früchte, nach Wunsch
110 g Zucker
25 g Vanille-Zucker (bei Vanillin-Zucker nur 15 g nehmen und 10 g Zucker mehr rechnen!)
10 g Backpulver
150 g Eier

für die Fruchteinlage
150 g Früchte nach Wahl (z. B. Heidel-, Johannisbeere oder Ähnliches)
40 g Maisstärke bei TK-Früchten oder 30 g bei frischen Früchten

Den Grill auf 190 °C vorheizen. Es muss mit indirekter Hitze gebacken werden. TK-Früchte antauen lassen in einem Sieb.

Die Früchte für das Fruchtpüree fein pürieren, z. B. mit dem Stabmixer.

Alle Zutaten für die Muffins in die Schüssel geben und 5 min bei höchster Stufe aufschlagen lassen. In der Zeit die Muffinformen fetten (z. B. mit dem glutenfreien Trennfett aus den Rezepten meiner Homepage).

In der Zeit die Früchte reinigen und wenn nötig in mundgerechte Stücke schneiden. Anschließend mit der Maisstärke vermischen. Diese Mischung dann in der Muffinmasse unterheben. Dann die Masse auf die Muffinformen gleichmäßig verteilen.

Muffins ca. 20 – 25 min bei indirekter Hitze backen. Nach dem Backen etwas auskühlen lassen und aus der Form nehmen.

Anschließend die Muffins mit Puderzucker bestäuben (abstauben) oder mit geschlagener Sahne garnieren.

Blueberry-Pancakes gegrillt

Arbeitszeit
Vorbereitungszeit: ca. 15 min
Grillzeit: ca. 20 min

Menge
Ergibt ca. 8 – 10 Pancakes

Zutaten
60 g Eiweiß
40 g Eigelb
100 ml Milch
50 g Blueberries, püriert
2 g Salz
5 g Vanille-Zucker
125 g Schär Mix Kuchen & Kekse
6 g Backpulver
20 g Zucker
200 g Blueberries, gewaschen
Butter oder Öl für Grill-Pfanne oder Grillblech
Ahornsirup

Das Mehl mit dem Backpulver vermischen.

Das Eigelb mit der Milch, den pürierten Blueberries verrühren. Salz, Vanille-Zucker sowie Mehlmischung unterrühren und mind. 15 min quellen lassen. Die Masse sollte zähfließend sein, sonst einfach mit etwas Milch verflüssigen.

Das Eiweiß mit dem Zucker zu einem nicht zu festen Eischnee schlagen.

Nun den Eischnee unter die Teigmasse heben, sodass eine cremige Masse entsteht.

Etwas Fett in der Grill-Pfanne oder Grillblech, mit einem Pinsel schön verteilen und heiß werden lassen. Den Teig portionsweise auf das Grill-Blech/Grill-Pfanne geben und direkt einige Blueberries darauf verteilen. Sie können dann noch etwas einsinken.

Auf jeder Seite 2 – 3 min goldbraun backen. Wenn sich auf der Oberseite Blasen bilden, die platzen, ist der richtige Zeitpunkt zum Wenden.

Die fertigen Pancakes noch warm mit Ahornsirup servieren.

Gegrillte Melone mit Nuss-Pesto

Arbeitszeit
Vorbereitungszeit: 20 min
Grillzeit: 2 bis 3 min

Menge
Ergibt 10 Melonenstücke

Zutaten Pesto
10 Macadamia-Nüsse
oder 50 g Nüsse nach Wunsch
30 g Mandeln, gehobelt
1 Bund Zitronenmelisse
20 g Limettensaft
180 g Ahornsirup

Zutaten Grill-Melone
1.250 g Wassermelone

Die Nüsse und die gehobelten Mandeln in einer Gusseisen-Pfanne auf dem Grill kurz anrösten.

Die Zitronenmelisse waschen und trocken tupfen. Anschließend die Blätter abzupfen und grob hacken.

Nüsse, Mandelblättchen und Zitronenmelisse in den Mixer geben oder mit dem Pürierstab mixen. Anschließend den Limettensaft und Ahornsirup zugeben und nochmals zum Pesto pürieren.

Jetzt die Melone in 10 dicke Scheiben schneiden und auf dem Grillrost (den Rost mit Trennspray einsprühen) von beiden so lange grillen, bis ein Muster gut sichtbar ist.

Die noch warmen Melonenscheiben auf Teller verteilen und direkt das Nuss-Pesto auf den Scheiben drapieren.

Hinweis:
Jede Frucht mit festem Fruchtfleisch eignet sich für dieses Rezept.

Gegrillte Pfirsiche mit Ziegenkäse

Arbeitszeit
Vorbereitungszeit: 20 min
Grillzeit: ca. 10 – 15 min, je nach Größe der Pfirsiche

Menge
Ergibt 5 Portionen

Zutaten
- 5 Pfirsiche, nicht zu reif, halbfest
- 30 g Orangensaft
- 40 g Honig
- 2 g Salz
- 250 g Ziegenfrischkäse
- 5 g Basilikum, getrocknet
- 100 g Walnüsse, gehackt

Den Grill auf 200 °C vorheizen und indirekte Hitze vorbereiten.

Zuerst die Walnüsse etwas anrösten. Sie sollen aber nur leicht Farbe bekommen. Dann auf einem Teller auskühlen lassen.

Nun den Ziegenfrischkäse mit dem Orangensaft, Honig, Basilikum, Salz und Honig homogen verrühren.

Den Grillrost fetten, Pfirsiche waschen, halbieren und entkernen. Dann von beiden Seiten bei 200 °C jeweils 5 min Grillen. Bei sehr festen Pfirsichen auch etwas länger.

Auf die Teller mit der Ziegenkäse-Creme 2 größere Tupfen machen. Auf die Tupfen je eine Hälfte gegrillten Pfirsich setzen. Dann die Ziegenfrischkäse-Creme auf die Pfirsich-Hälften verteilen.

Bananen in Filo-Teig mit Kokossahne

Arbeitszeit
Zubereitung: 1 Tag vorher und 30 min
Backzeit: 4 – 6 min

Menge
für 4 Portionen

Zutaten Filo-Teig
130 g Schär Mix Brot
40 g Maisstärke
2 g Salz
110 g – 120 g Wasser
5 g Tafelessig
10 g Pflanzenöl, neutral

Herstellung Teig

Alle Zutaten in eine Schüssel geben und von Hand verkneten. Nach dem Kneten soll sich der Teig formbar und leicht klebrig anfühlen.

Den Teig flach drücken und in Frischhaltefolie einpacken und über Nacht im Kühlschrank lagern; durch die Wartezeit quillt er nach und lässt sich dann besonders dünn rollen.

Am nächsten Tag beim Ausrollen recht viel Reismehl verwenden, nur so kann der Teig dünn genug (< 1 mm) ausgerollt werden.

8 Platten mit den Maßen 25 x 25 ausrollen.

Zutaten Kokossahne
1 Dose Kokosmilch 500 ml
Süßen nach Wunsch

Herstellung Kokossahne

Die Dose Kokosmilch einen Tag vorher in den Kühlschrank stellen. Wenn das Dessert gemacht wird, die Dose aus dem Kühlschrank nehmen. Nach dem Öffnen der Dose die obere feste Schicht abnehmen und in einer Schüssel mit dem Handmixer luftig und schaumig schlagen. Dann die Kokossahne wieder in den Kühlschrank stellen.

Zutaten für die gebackenen Bananen

85 g Sesam
4 Stk. Bananen, groß
80 g Ahornsirup oder Honig
250 g Kokossahne
8 Platten Filo-Teig
Pflanzenöl, neutral zum Einstreichen

Herstellung der gebackenen Bananen

Sesam in einer Pfanne ohne Fett unter Rühren so lange anrösten, bis der Sesam aromatisch riecht. Dann auf einen Teller zum Abkühlen schütten.

Die Bananen schälen und in der Mitte halbieren. Jetzt jeweils eine halbe Banane auf die Filo-Teig-Platten legen an der oberen Kante. Den unteren Teil der Teigplatte dünn mit Wasser abstreichen. Nun die Banane mit dem Teig von oben nach unten aufrollen. Dann die Enden wie bei einem Bonbon-Geschenk zusammendrücken.

Die Rollen dünn mit Öl einstreichen und mit dem Schluss nach unten auf den Grillrost legen.

Die Rollen ca. 4 bis 6 min knusprig grillen. In der Zeit die Teller mit je 20 g Ahornsirup/Honig garnieren und mit dem Sesam dünn bestreuen.

Die gegrillten Bananen auf die Teller verteilen und dann mit der Kokossahne garnieren.

Sechs × Salate

Möhren fein reiben
½ Stunde ruhen
nicht zu GROSS
nicht zu klein
1 kg
Merke:
Öl ✓
~~Salz~~

Möhrensalat

Arbeitszeit
Zubereitungszeit: ca. 45 min
Ruhezeit: mind. 30 min

Menge
Ergibt 8 – 10 Portionen

Zutaten
1.000 g Möhren
1 mittlere Zwiebel
250 g Sauerrahm oder Schmand
30 g Pflanzenöl, neutral
50 g Tafelessig oder Kräuteressig
1 Beutel Salatkräuter-Fix glutenfrei, nach Wunsch

Die Möhren schälen, fein reiben und die Zwiebel sehr fein würfeln. Die Zwiebel nicht reiben, sonst wird sie bitter.

Anschließend Sauerrahm oder Schmand, die Salatkräuter, Öl und Essig zugeben und sehr gut vermischen.

Danach 30 min ruhen lassen und mit Essig ggf. nachwürzen. Kein Salz oder sonstige Gewürze notwendig.

Am aromatischsten ist der Salat, wenn er ***über Nacht durchziehen*** *kann.*

Tomatensalat

Arbeitszeit
Zubereitungszeit: 15 min
Ziehzeit: mind. 1 h,
besser über Nacht

Menge
Ergibt 8 Portionen
als Beilage

Zutaten
600 g Cherry-Tomaten oder Strauchtomaten
1 mittlere Zwiebel
20 g Rotweinessig
80 g Tafelessig
20 g Balsamico-Essig
120 g Olivenöl, gutes
6 g Basilikum, getrocknet
2 g Oregano, getrocknet
Salz und Pfeffer nach Wunsch

Herstellung

Die Tomaten vom Strauch pflücken und waschen. Bei Cherry-Tomaten oder Mini-Strauchtomaten den Strunk entfernen. Sollten keine Blätter an den Tomaten sein, braucht man das wenige Grün vom Strunk nicht entfernen.

Die Cherry-Tomaten vierteln bzw. größere Tomaten in mundgerechte Stücke schneiden.

Die Zwiebel fein würfeln und zu den Tomaten geben, ebenso die restlichen Gewürze sowie das Salz. Nun die Essigsorten hinzugeben, mischen. anschließend das Öl dazu geben und nochmals gut vermischen. Es darf ruhig sauer sein, ggf. einen kleinen Schluck Wasser zugeben und nochmals gut mischen.

Gut verpackt über Nacht im Kühlschrank stehen lassen. Am nächsten Tag noch einmal gut mischen und abschmecken.

Hinweis:
*Man kann den Salat auch mit **nur 1 h Ziehzeit** servieren. Aromatischer ist es aber über Nacht.*

*Wichtig sind **feste Tomaten**, damit nach der Kühlzeit noch Biss vorhanden ist.*

Über Nacht ziehen lassen
gut waschen
1x bei der Zubereitung
1x am nächsten Tag

Gurkensalat

Arbeitszeit
Zubereitungszeit: 15 min
Ziehzeit: mind. 1 h,
besser über Nacht

Menge
Ergibt 4 Portionen
als Beilage

Zutaten
1 Salatgurke, mind.
mittelgroß
250 g Schlagsahne/
Schlagoberst
60 – 100 g Tafelessig,
je nach Wunsch
4 g Dill, getrocknet
Salz, Pfeffer und Muskat-
pulver nach Wunsch

Die Salatgurke gut waschen (ich bevorzuge sie ungeschält wegen des Geschmacks und der Nährstoffe), in Scheiben hobeln oder sehr dünn schneiden.

Dill, Salz, Pfeffer und Muskat direkt auf die Gurke geben und mischen.

Den Becher Sahne und 60 g Essig dazugeben.

Alles sehr gut mischen und kurz abschmecken. Es darf etwas saurer sein und kräftig gewürzt. Da die Gurke viel Wasser verliert, wird der Geschmack noch milder.

Über Nacht im Kühlschrank ziehen lassen und am nächsten Tag vor dem Servieren mit Essig und Gewürzen nachwürzen. Der Salat sollte leicht sauer sein, das verleiht Frische.

Hinweis:
*Man kann den Salat auch mit nur 1 h Ziehzeit servieren. Aromatischer ist aber das **Ziehen über Nacht**.*

500g
× würzen nach Wunsch
2x
Mayo nicht vergessen!
× getrocknete Kräuter

Nudelsalat nach Oliver

Arbeitszeit
Zubereitungszeit: ca. 40 min

Menge
Ergibt ca. 8 Portionen

Zutaten
500 g GF-Nudeln, z. B. Hörnchen oder ähnliche nach Wunsch
4 Stk. Eier, Klasse M
2 mittlere Zwiebeln
1 Päckchen Schinkenspeck, gewürfelt
4 g Basilikum, getrocknet
4 g Oregano, getrocknet
2 g Thymian, getrocknet
Salz und Pfeffer nach Wunsch
300 g Mayonnaise
Butter nach Wunsch

Einen großen Topf mit Salzwasser zum Kochen bringen und die Nudeln dann etwas bissfester kochen als man gewöhnt ist.

Den Speck in einer Pfanne anbraten nach Wunsch und dann in eine große Schüssel geben. Die Zwiebeln schälen und in kleine Würfel schneiden. Dann etwas Butter in die Pfanne vom Speck geben und die Zwiebeln glasig dünsten. Dann zu dem Speck in die Schüssel geben.

Die Nudeln zwischendurch absieben und noch heiß in die große Schüssel geben. Jetzt die Kräuter und die Mayonnaise zugeben.

Anschließend wieder etwas Butter in der Pfanne erhitzen und wenn sie heiß ist, die 4 Eier als Spiegeleier braten. Das Eigelb sollte noch flüssig sein.

Die Spiegeleier oben auf in die Schüssel geben, inkl. Bratfett. Jetzt die Spiegeleier grob verhacken, mit einem Pfannenwender oder ähnlichem. Danach alles gut vermischen und noch warm genießen.

Hinweis:
Am Besten die Nudeln mit meinen Nudelrezepten von der Homepage selber machen.

Olivers Coleslaw Spezial

Arbeitszeit
Zubereitungszeit: 30 min
Ziehzeit: mind. 8 h,
besser über Nacht

Menge
Ergibt 8 – 10 Portionen

Zutaten
900 g Weißkohl
4 Stk. Möhren, mittelgroß
2 Stk. Zwiebeln, mittelgroß
80 g Rohrohrzucker
10 g Salz
3 g Pfeffer
100 g Milch
200 g Mayonnaise
100 g Naturjoghurt
40 g Weißweinessig
30 g Zitronensaft
4 g Paprikapulver, edelsüß
10 g Senf, mittelscharf
(optional)

Die Schritte für sehr feine Streifen können auch mit einer Küchenmaschine gemacht werden.

Beim Weißkohl die äußeren Blätter entfernen. Sie dienen dem Schutz vor Schmutz und nach dem Entfernen braucht man den Weißkohl nicht waschen. Dann den Weißkohl vierteln und den Strunk entfernen. Anschließend den Weißkohl in sehr feine Streifen schneiden, z. B. mit einem großen Brotmesser. Die Streifen in eine sehr große Schüssel geben.

Dann die Möhren schälen und die Enden entfernen, dann mit einer Reibe in möglichst feine Streifen schneiden. Diese zu den Weißkohlstreifen geben.

Die Zwiebeln schälen und in sehr feine Würfel schneiden. Die dann zu den Möhren geben.

In einer kleinen Schüssel nun die restlichen Zutaten (auch den Senf, wenn gewünscht) geben und alles homogen zu einem Dressing mixen.

Weißkohlstreifen, Möhrenstreifen und Zwiebelwürfel miteinander vermischen und dann das Dressing drüber geben und alles nochmals kräftig und homogen vermischen.

Die Schüssel abdecken und mind. 8 h im Kühlschrank stehen lassen.

Besser ist alles in eine Schüssel oder Schale umfüllen (oder mehrere) die Luftdicht verschlossen werden können und über Nacht im Kühlschrank durchziehen kann.

Olivers Krautsalat Spezial

Arbeitszeit
Ziehzeit: 1 x 2 h und über Nacht, Zubereitung: 45 min

Menge
Ergibt 8 – 10 Portionen

Zutaten
1.500 g Weiß- oder Spitzkraut

Zutaten 1. Marinade
2 mittlere Zwiebeln
200 g Speck, durchwachsen und fein gewürfelt
5 g Salz
30 g Kräuter-Essig (7-Kräuter z.B.)
125 g Gemüsebrühe, glutenfrei
10 g Kümmel ganz
1 TL Senf, mittelscharf
20 g Öl
2 g Pfeffer, schwarz, gemahlen

Herstellung Marinade 1

Den Speck klein würfeln und bei schwacher Hitze anbraten, bis das Fett austritt; er darf dabei nicht bräunen.

Geschälte und fein zerkleinerte Zwiebelnzugeben und unter Rühren so lange braten, bis sie glasig sind.

Essig, Salz, Pfeffer und Brühe dazugeben und unter rühren so lange aufkochen lassen, bis sich der Satz vom Anbraten löst. Kümmel, Senf und Öl unterrühren.

1. Stufe des Krautsalates

Den Kohl vierteln, Strunk entfernen und putzen und in feine Streifen schneiden.

Die feinen Krautstreifen in eine sehr große Schüssel geben, denn mit den Marinaden braucht es Platz.

Das Kraut mit der 1. Marinade heiß vermischen und zugedeckt bei Zimmertemperatur etwa 2 Stunden ziehen lassen.

Zutaten 2. Marinade

100 g neutrales Öl
100 g Zucker
10 g Salz
5 g Pfeffer, schwarz gemahlen
250 g Kräuter-Essig
(7-Kräuter z.B.)
500 ml Sprudel
(sehr prickelnd)

Herstellung Marinade 2

Für die Marinade 2 bitte ein hohes großes Gefäß zum anrühren nutzen. In folgender Reihenfolge die Zutaten vermischen: Zucker, Öl, Salz, Pfeffer, Kräuteressig gut vermischen und etwas rühren.

Dann den Sprudel dazu geben, **aber Vorsicht** es schäumt, wenn man ihn dazu gibt.

2. Stufe des Krautsalates

Die Marinade über das Kraut gießen und gut vermischen. Das Ganze mit einem Teller, der kleiner als die Schüssel ist, abdecken und mit 2 großen vollen Sprudelflaschen beschweren. 20 Stunden in der Küche stehen lassen, damit der Krautsalat fermentieren kann.

Fertigstellung

Am nächsten Tag den Krautsalat sehr gut mischen und ca. 50 % der Marinade abschütten. Jetzt kann der Krautsalat mit Salz und Pfeffer nochmals abgeschmeckt werden und ist eine leckere Beilage oder Snack. Hält sich in luftdichten Gläsern über Wochen im Kühlschrank.

Kartoffelsalat wie von meiner Oma

Arbeitszeit
Vorbereitungszeit: 210 min
(1 Tag vorher
Kartoffeln kochen)

Menge
Ergibt 6 Portionen

Zutaten
1.500 g Kartoffeln, festkochend
375 g Gemüsebrühe, glutenfrei
40 g Weißweinessig, oder anderen milden Essig nach Wunsch
120 g Zwiebeln, fein gewürfelt
10 g Senf, mittelscharf
200 g Mayonnaise
4 Stk. Eier, Klasse M
300 g Fleischwurst, gewürfelt
250 g Gewürzgurken, gewürfelt
Salz und Pfeffer nach Wunsch
1 Prise Zucker

Zutaten für Deko
Weitere wachsweiche Eier
Tomatenviertel
Gewürzgurken
Petersilie,
Optional und nach Wunsch

Die Kartoffeln als Pellkartoffeln am Vortag kochen und auskühlen lassen. Dann schälen und mit einem Tuch abgedeckt bis zum nächsten Tag stehen lassen.

Am nächsten Tag die 4 Eier wachsweich kochen, abschrecken und auskühlen lassen.

Die Gemüsebrühe mit dem Essig, dem Senf, Salz, Pfeffer und Zucker in einem kleinen Topf gut verrühren und einmal aufkochen lassen. Dann etwas abkühlen lassen.

In der Zeit die Kartoffeln in feine Scheiben schneiden und mit dem abgekühlten Sud übergießen. Wenn der Sud zu intensiv ist, kann er auch mit Wasser verdünnt werden.

Während der Sud einzieht, die Eier in nicht zu große Würfel schneiden und dann dazu geben.

Das Ganze 1 h ziehen lassen. Nun die Mayonnaise, die gewürfelten Gewürzgurken, die gewürfelten Zwiebeln und die gewürfelte Fleischwurst dazu geben und gut mischen. Dann nochmals 2 h ziehen lassen. Die Deko aufbringen und genießen.

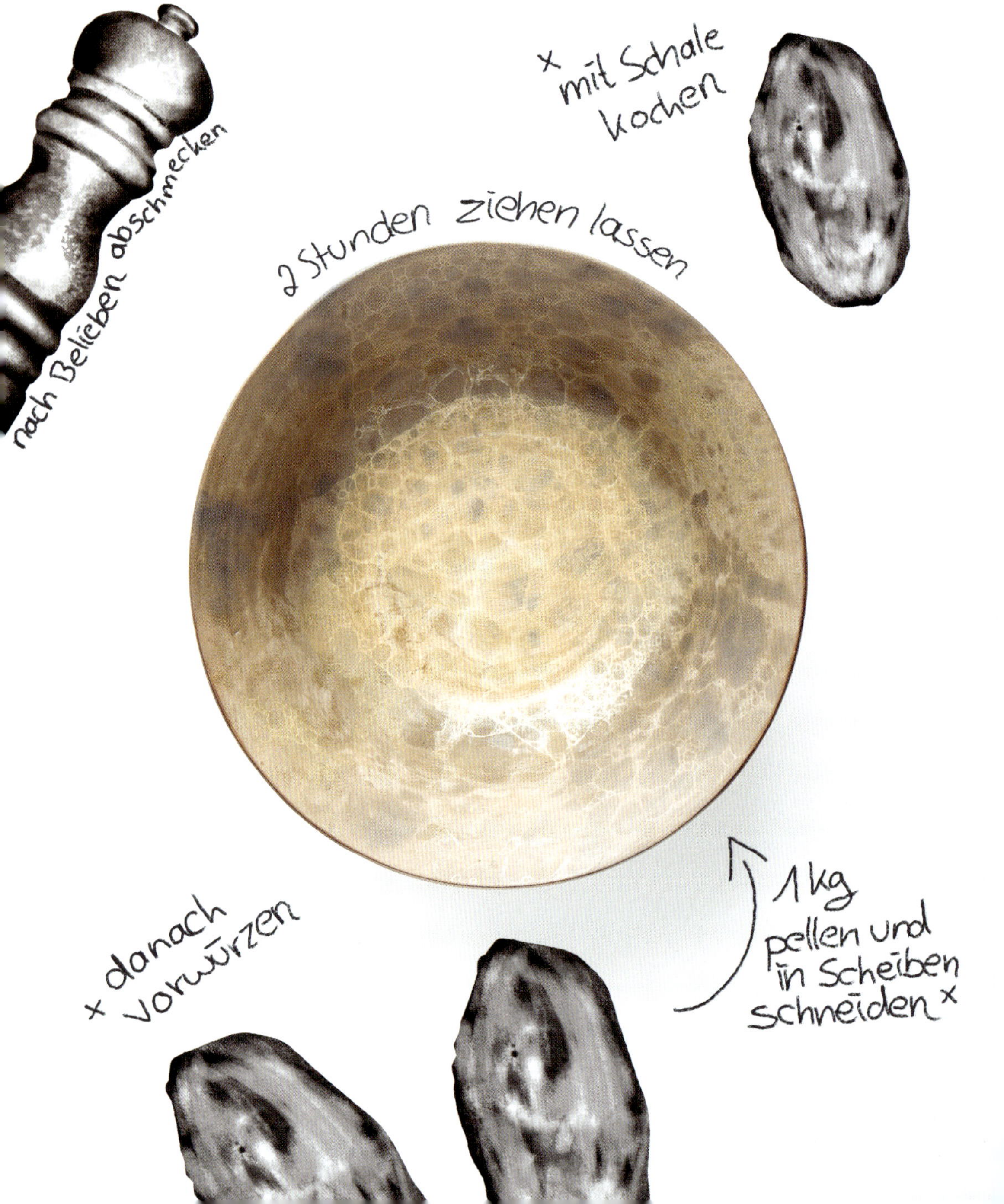
nach Belieben abschmecken
× mit Schale kochen
2 Stunden ziehen lassen
× danach vorwürzen
1 kg
pellen und
in Scheiben
schneiden ×

Warmer Kartoffelsalat, saarländische Art

Arbeitszeit
Herstellzeit: 50 min

Menge
Ergibt 4 Portionen

Zutaten
1.000 g Kartoffeln, festkochend
340 g Fleischbrühe, glutenfrei
120 g Speck, durchwachsen
15 g Senf, scharf
2 Schalotten, mittelgroß, fein gehackt
5 g Salz, grob
15 g Essig, nach Wunsch
60 g Pflanzenöl, neutral
Pfeffer nach Wunsch

Die Kartoffeln mit Schale nicht ganz garkochen (ca. 25 min, je nach Größe).

Abschütten und mit kaltem Wasser mind. dreimal abschrecken und anschließend ausdampfen lassen für 30 min.

Die Kartoffeln dann pellen und in dünne Scheiben schneiden. Dann mit der Hälfte des groben Salzes und etwas Pfeffer schon mal vorwürzen.

Die Fleischbrühe aufkochen und Senf, die Hälfte vom Öl und den ganzen Essig mit einem Schneebesen einrühren. Direkt über die Kartoffelscheiben geben. Etwas mischen und ziehen lassen.

Währenddessen den Speck fein würfeln und mit dem restlichen Öl in einer Pfanne goldgelb braten. Kurz bevor es fertig gebraten ist (ca. 2 min vor Ende) die fein gewürfelten Zwiebeln dazu geben und glasig dünsten. Dann alles über die Kartoffeln geben, nochmals mischen und mit dem restlichen groben Salz und Pfeffer vorsichtig abschmecken.

Jetzt muss der Kartoffelsalat mind. 2 h ziehen, bevor er serviert werden sollte.

Sieben

×

Cocktails

JOrange gespritzt
(speziell für Kinder)

Arbeitszeit
Zubereitung: 5 min

Menge
für 1 hohes Glas

Zutaten
10 g Zitronensaft
40 g Johannisbeersaft
80 g Orangensaft
Sprudel zum Auffüllen
3 Eiswürfel

In einen Shaker 3 Eiswürfel einfüllen und alle Säfte dazu geben.

Alles gut durchmixen und dann in ein hohes Glas absieben und mit Sprudel auffüllen.

Dekorieren nach Wunsch.

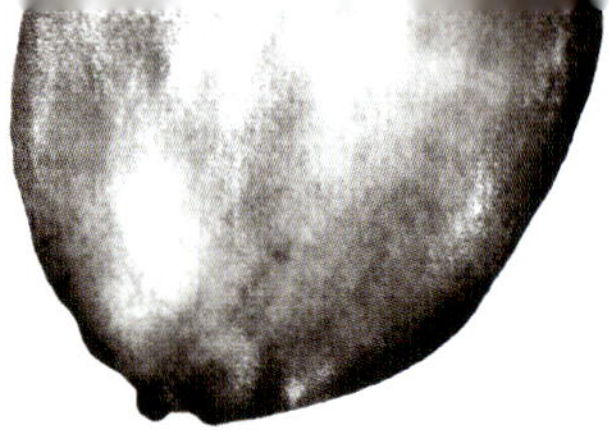

Exotic Pur

Arbeitszeit
Zubereitung: 5 min

Menge
für 1 hohes Glas

Zutaten
60 g Orangensaft
20 g Maracujasaft
10 g Zitronensaft
10 g Grapefruitsaft
1 Schuss Grenadine
10 g Mandelsirup
6 Eiswürfel

In einen Shaker 3 Eiswürfel einfüllen und alle anderen Zutaten dazu geben.

Gut durchmixen und dann in ein hohes Glas mit 3 Eiswürfeln abseihen.

Dekorieren nach Wunsch.

Fit Pur

Arbeitszeit
Zubereitung: 5 min

Menge
für 1 hohes Glas

Zutaten
10 g Zitronensaft
10 g Mandelsirup
90 g Ananassaft
90 g Grapefruitsaft
9 Eiswürfel

In einen Shaker 4 Eiswürfel einfüllen und alle anderen Zutaten dazu geben.

Gut durchmixen und dann in ein hohes Glas mit 5 Eiswürfeln abseihen.

Dekorieren nach Wunsch.

Caipirinha Virgin

Arbeitszeit
Zubereitung: 10 min

Menge
für 1 hohes Glas

Zutaten
1 Stk. Limette
10 g Rohrohrzucker
Ginger Ale zum Auffüllen
Crushed Ice

Die Enden der Limette abschneiden und dann die Limette achteln. Die Limetten dann in ein hohes Glas geben und den Rohrohrzucker darüber geben. Diese Mischung mit einem Barstößel zerdrücken. Anschließend das Glas mit Crushed Ice auffüllen.

Nun mit Ginger Ale das Glas auffüllen und nach Wunsch dekorieren.

Colada Virgin

Arbeitszeit
Zubereitung: 10 min

Menge
für 1 hohes Glas

Zutaten
1 Stk. Cocktailkirsche
1 Spalte Ananas
160 g Ananassaft
50 g Kokosmilch
30 g Schlagsahne, flüssig
3 Eiswürfel

In einer Shaker 3 Eiswürfel geben und dann Sahne, Kokosmilch und Ananassaft zugeben und gut durchmixen.

In ein großes hohes Glas geben und nach Wunsch Eiswürfel hinzugeben.

Die Ananasspalte in mundgerechte Stücke schneiden und die Cocktailkirsche halbieren.

Diese oben auf den Cocktail geben und nach Wunsch dekorieren.

Schneewittchen

Arbeitszeit
Zubereitung: 10 min

Menge
für 1 hohes Glas

Zutaten
80 g Ananassaft
90 g Orangensaft
15 g Grenadine
30 g Schlagsahne, flüssig
30 g Kokossirup
4 Eiswürfel
Zum Servieren Eiswürfel nach Wunsch

Einen Shaker mit 4 Eiswürfeln vorbereiten und dann alles bis auf die Sahne dazu geben und kräftig durchmixen. Dann die Sahne zugeben und nochmals kräftig mischen.

In ein hohes Glas mit etwas Eis absieben und nach Wunsch dekorieren.

Charleston

Arbeitszeit
Zubereitung: 10 min

Menge
für 1 hohes Glas

Zutaten
60 g Apfelsaft
10 g Zitronensaft
60 g Möhrensaft
50 g Selleriesaft
10 g Petersilie, frisch
5 – 6 Eiswürfel

In einen Shaker 3 Eiswürfel geben und dann alle Säfte hinzufügen und gut mixen.

Das hohe Glas mit 2 – 3 Eiswürfel füllen und den Inhalt des Shakers in das Glas sieben.

Die Petersilie grob abzupfen und damit das Glas garnieren.

Pfirsich küsst Karotte

Arbeitszeit
Zubereitung: 15 min

Menge
für 1 hohes Glas

Zutaten
½ Stk. Karotte
200 g Pfirsichsaft
90 g Karottensaft
5 g Zitronensaft
Dill, frisch, zum Garnieren (wenn gewünscht)
1 Scheibe Zitrone zur Deko
2 Eiswürfel
Zum Servieren Eiswürfel nach Wunsch

Die halbe Karotte schälen und sehr fein raspeln.

1 Teelöffel davon in ein 0,3 L Glas geben. Die Säfte in einen Shaker mit 2 Würfeln Eis geben und gut durchmixen. Dann in das vorbereitete Glas abseihen und mit Eiswürfel auffüllen.

Mit der Zitronenscheibe und wenn gewünscht, mit Dill garnieren.

Impressum

Olivers kleine glutenfreie Grillwelt
Oliver Welling,
www.olivers-glutenfreie-welt.de

1. Auflage 2023
Regionalia Apart,
ein Imprint der Kraterleuchten GmbH
Gartenstraße 3, 54550 Daun
Verlagsleitung: Sven Nieder

Illustration & Satz: Steffen Unland, Hasegold GmbH
Lektorat: Tim Becker
Fotografie: Oliver Götz

Gedruckt in der Europäischen Union, Finidr, CZ

ISBN 978-3-95540-395-9
www.regionalia-apart.de

MIX
Papier | Fördert gute Waldnutzung
FSC® C014138